日本神話の源流

吉田敦彦

講談社学術文庫

学術文庫版まえがき

このたび講談社学術文庫の一冊として、あらためて上梓されることになった本書に著者は、格別に深い思い入れを持っている。

本書の底本の著書を、今から三十二年ほど前に、講談社現代新書の一冊として書き上げたときに、著者はすでにその前年の一九七四年に、『ギリシア神話と日本神話』（みすず書房）と『日本神話と印欧神話』（弘文堂）という二冊の著書を出しており、そのどちらでも表題にあるように、日本神話のことを取り扱っていた。だがこれらの著書のうちの前者は、それまでに諸所に発表してきた論文を集めたもので、後者はもとは月刊誌に連載された論文に加筆をして本にしたものだったので、本書は著者が、最初から単行の書物として構想し書き下ろしたはじめての著書だった。そしてまた何よりも、著者がそれから今日まで続けてきた日本神話の研究のいわば、第二の出発点のような意味を持つことになった。

著者が、自分がもともとはまったくの門外漢だった、日本神話に学問的な興味を持ち、その研究に手を染めたのは、フランス政府の給費留学生としてパリでデュメジルの指導を受けながら、ギリシア神話を中心とするインド・ヨーロッパ語族の神話の比較研究に取り掛かっていた当時のことだった。そのきっかけとなったのは、デュメジルによって明らかにされていた、インド・ヨーロッパ語族（印欧語族）の神話に共通する構造と内容に、日本神話といろいろな点で、びっくりするほどの一致があるのに気づいたことだった。それでそのことをデュメジルの奨めに従って、"La mythologie japonaise : essai d'interprétation structurale"（「日本神話——構造論的分析の試み」）と題する論文にまとめ、それが『宗教史学雑誌』(*Revue de l' Histoire des Religions*) に、一九六一年から一九六三年にかけて、三号に分けて掲載された。

その後フランスにいたあいだに著者は、日本の神話について、ほかにも二篇の論文を上梓した。だがそれらの論文を著者は、ギリシア神話などインド・ヨーロッパ語族の神話を対象にして進めていた、自分の研究の副産物のように考えていた。帰国した後に前記の二冊の著書を出した時点でも、そこで述べた日本神話についての卑見を、その当時にはギリシアが主な対象になりつつあった本来の自分の研究から、副次的に派生したものと見なす点では、著者の考えに根本的な変化はなかった。

ただその二冊の著書が相次いで上梓されたところで著者は、このままでは自分が日本の神話を、ギリシア神話や他のインド・ヨーロッパ神話と比較することで、すべて解釈しようとしていると誤解されるのではないかという、危惧を持つようになっていた。それでちょうどそのおりに、講談社から現代新書の執筆のお誘いを受けたのを奇貨として、著者は本書で、それまで畑違いであることを自覚して触れるのを控えていた分野にまで敢えて踏みこみながら、日本神話の比較研究の全体について、自分なりの考えをまとめてみた。そしてそれらの研究の全体に照らし、自分のしたギリシア神話、インド・ヨーロッパ神話との比較が、日本神話の解明のためにどのような意味を持つかを、非力の及ぶ限り明らかにしようと努めた。

そのようなわけで、この本を書いたことがきっかけとなって著者は、それまで主としてギリシアをはじめインド・ヨーロッパ語族の神話との比較の対象として捕らえていた日本の神話に一転して、それよりずっと多角的な興味を持つようになった。そしてそれから現在まで、ギリシアと共に日本の神話も自分の学問のもう一つの主な対象として、研究を進めてきた。

そのあいだに一九八二年からは著者は、学習院大学文学部の国文学科（現在では日本語日本文学科）の教員のお仲間に入れて頂き、学部と大学院の授業でも主に、日本神話についての講義と演習を担当させて頂くことになった。そのことが著者の日本神話の研究が、いっそう深まり、またより大きな広がりを持つ、一つの決定的な転機となったことは言うまでもない。

今にして思えば、国文学の分野では一介の素人に過ぎなかった著者のそれまでの日本神話の研究に、取り柄をお認め下さって、伝統を誇る学科の一員としてお迎え下さり、同僚として本当に温かく遇して下さった、当時、学科の専任教員であられたみな様には、そのことで本当に、筆舌に尽くせぬ御学恩を頂戴したことが、あらためてしみじみと痛感される。大野晋、土井洋一、諏訪春雄、十川信介の諸先生と、故人になられた猪野謙二、木村正中、吉岡曠の諸師より、そのおりに賜わった有り難い御厚情への衷心よりの感謝を、ここに特筆させて頂く。

ともかくこれまで述べてきたようなわけで本書は、著者が日本神話の研究と正面から取り組む事始めとなった。また本書が上梓された後に、このような形で日本神話の比較研究を全般的に概説した本は、著者自身によっても、また管見に入った限りでは他の筆者によっても書かれていないので、現代新書として最初に刊行されてから三十余年を経た現在でも本書は、日本神話研究への手頃な入門書としての価値を失っていないと思える。また読者を神話を比較してみる面白さの発見に導くことで、比較神話学への恰好な手引き書の役も果たせるのではないかと自負している。

講談社学術文庫に収められることで、本書が新しい読者の方々のために、そのような入門書・手引き書としての役をし、そのことで現代の文化にますます喫緊となっている神話との対話の気運が、一般に醸成されるのに、いささかなりとも貢献できることを期待し、願っている。

平成十九年二月十五日

吉田敦彦

目次

はじめに

この書物は、書名にある「日本神話の源流」という問題について、現在までの研究によって得られていると思われる見通しを、できるだけ全体的に眺望してみる目的で執筆された。日本神話の系統を考えるということは、日本神話を世界の諸民族の神話と対照させながら、個々の話やそれらを全体にまとめあげるために用いられている枠組、あるいはその中に表現されている思想などが、それぞれ、いつごろどのような文化によって運ばれ、いかなる経路でわが国にまで伝播したかを知ろうとすることである。言いかえれば本書の意図は、日本神話の比較神話学的研究の現状を紹介することにある。

このような意図をもって書かれた書物として、われわれはすでに、大林太良著『日本神話の起源』という、一九六一年に最初に上梓された、すぐれた概説書を持っている。しかし比較神話学という学問分野は、現在もっとも急速なテンポで新しい成果が獲得されつつある部門の一つである。世界の学界における研究の進展に伴い、日本神話の比較研究も、過去十五年間に、面目をほとんど一新するほど目ざましい発達を遂げた。そしてこの間に得られた新しい研究成果を含め、こんにちわれわれの学問が到達している現状を、全体的に解説した書物は、現在までのところまだ現われていない。

現在の世界の学界における、比較神話学的研究の興隆の一つの大きなきっかけは、印欧語族の古神話に共通する構造を明らかにした、フランスの言語学者・神話学者デュメジルの巨大な研究によって与えられた。このデュメジルの比較研究の成果は、近年日本神話の源流の究明のためにも利用され、その結果われわれはこんにち、わが国の神話の起源について、従来定説として一般に認められてきた見解とは多くの点で抜本的に異なる、新しい理解と展望を持つようになっている。

というのは、一九六〇年代のはじめから現在まで十数年の間に行なわれた研究によって、日本神話が、印欧語族の古神話と、細部まできわめてよく一致した構造を備えていることが明らかにされた。またわが国の神話には、個別的話根に関しても、ギリシアやゲルマン、ケルトなど印欧語系諸民族の神話と、偶然の所産とは見なしがたいほど特異な類似点が、数多く含まれているという事実が、しだいに明らかにされつつある。その結果こんにちでは、われわれは、ユーラシアの西部の印欧語族の文化圏からの神話の影響がわが国にまで及び、古典神話の成立にあたって、決定的と言って過言でないほど重要な作用を果たしたと、確言できるようになっている。

この印欧文化圏からの神話の伝播は、具体的には、ユーラシアのステップ地帯で活躍したイラン系騎馬遊牧民の神話が、アルタイ系遊牧民によって媒介され、朝鮮半島を経由してわが国にもたらされるという形で、行なわれたと想像される。事実、この伝播の経路にあたったと目される、スキュタイや古代朝鮮諸国などの神話の中からは、このような推定が肯綮《こうけい》にあたっているのを裏付けると思われる材料が、すでに多数発見されているのである。

このように、近年進められてきた印欧語系諸民族の神話と、日本および朝鮮の神話との比較研究は、日本神話の系統について最近まで一般に認められてきた通念を、多くの点で一変させる新しい展望を生み出した。だがこのことはけっして、印欧文化圏からの影響によって、日本神話の起源が、すべて説明されることを意味するわけではない。日本の言語・民族・文化などの系統が、一元的でないのと同様に、わが国の神話も、起源を異にする要素の混交により、複合的に構成されていると考えられる。印欧神話との比較という、日本神話の系統論の中に新しく導入され、その革新をもたらした視点は、これまで行なわれてきた他の地域との比較を、不要にするものではけっしてないのである。

近年の研究によって、印欧文化圏と並び、日本神話に強い影響を及ぼしたことが確実視されているのは、中国の揚子江以南からインドシナ、アッサムにかけての、東南アジアの地域である。古来日本人に主食を提供してきた、水田による稲作と焼畑における雑穀栽培との、二種の形態の農業は、最近の研究によれば、いずれもこの地域から相ついで日本に伝わってきたものであるらしい。これら二種の農耕文化、特に稲作に随伴した神話が、古典神話の中に取り入れられ重要な位置を占めていることは、当然予想できる。

本書において私は、自分がこれまで主として研究を進めてきた、印欧語系諸民族の神話と日本神話の関係について、こんにちまでに得られている見通しを、先学や同学の方々によってなされた、東南アジアやオセアニアとの比較の成果と照らし合わせ、日本神話の系統の問題に、できるだけ一方に片寄らぬ全体的な眺望を与えるよう努力したつもりである。

このように全体の釣り合いに配慮したため、後半の印欧神話の影響を取り扱った部分では紙数がやや不足し、自分の考えを十分に述べ尽くせなかった感じがしないでもない。本書によってこの問題に興味を抱かれた読者が、巻末に参考書としてあげておいた、大林氏の『日本神話の構造』や拙著『日本神話と印欧神話』などによって、本書のこの部分の欠を補っていただければ幸いである。

成蹊大学文学部研究室にて　吉田敦彦

一九七六年一月

日本神話の源流

第一章　なぜ日本神話を比較研究するか

1　吹溜りの文化

三方向からの伝播ルート

日本文化は、古来「吹溜りの文化」として形成されてきたと言われる。この「吹溜り」という言葉には、受け取りようによっては、何か日本文化を侮蔑《ぶべつ》的に評価したようなニュアンスも感じられる。読者の中にはこのような表現でわれわれの祖国の文化を言い表わすことに対して、強い抵抗を感じる方々があるかもしれない。

しかしながら、われわれが一枚の世界地図を拡げて、日本列島の置かれている位置を虚心に眺めてみると、たしかにこの「吹溜りの文化」という表現が、価値判断はさておき日本文化の成り立ちに関する、真相の一面を的確に捕らえたものであるとうなずけるのではなかろうか。

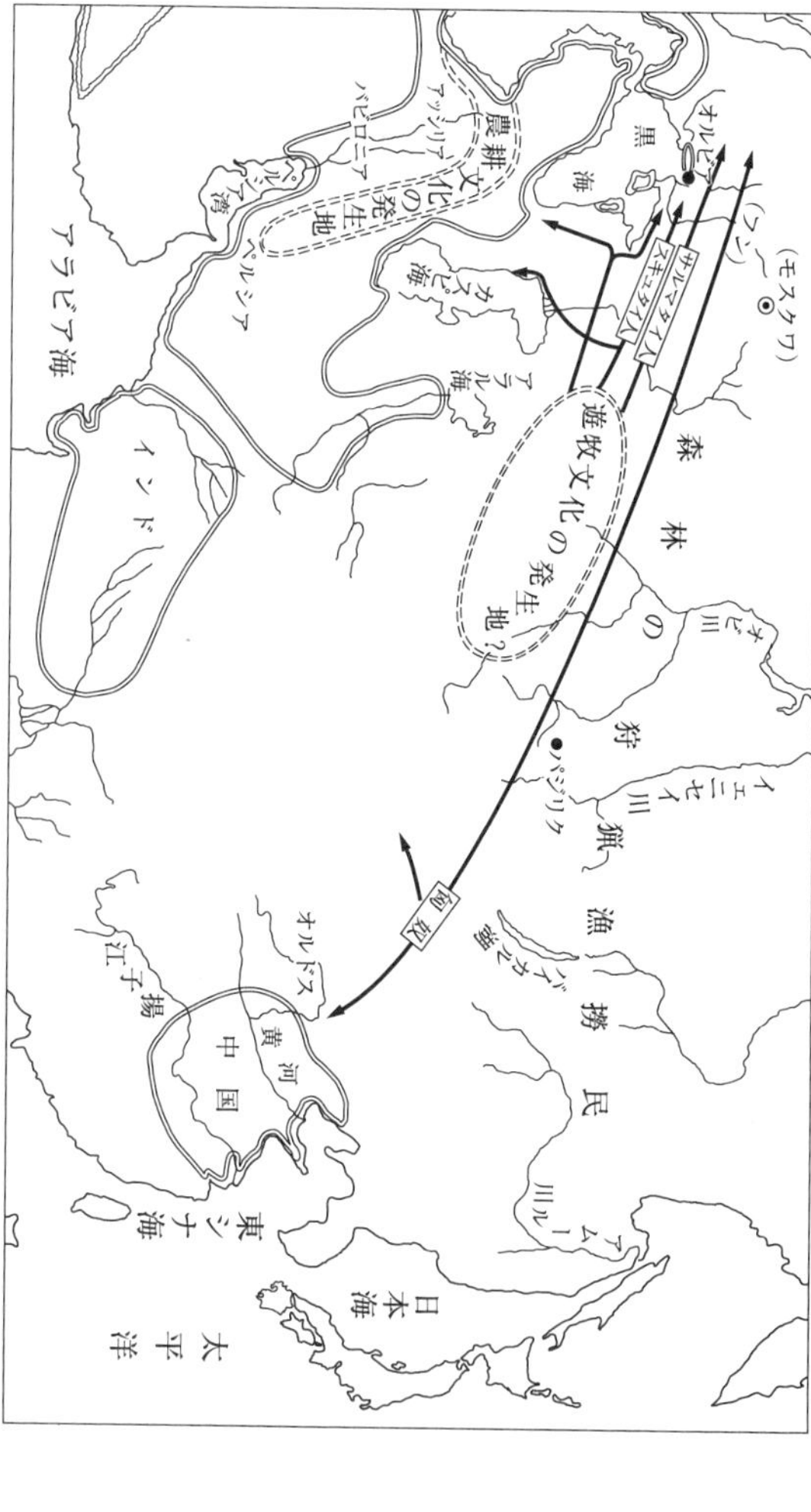

前千年紀中期の文化伝播（香山陽坪著『騎馬民族の遺産』より）

日本の島々は、北と西と南西の三方向において、それぞれ風土的にも文化的にも明瞭に特色のある、ユーラシア大陸の北部・中央部および南部の東端に連絡する可能性をもっている。すなわちまず日本列島は、北においては、千島、カラフト（サハリン）、沿海州を経由して、独特な狩猟民文化を発達させた北方ユーラシアの森林地帯と接続している。西に向かっては本州と九州が、朝鮮半島を媒介として、馬の飼育を特徴とする剽悍《ひょうかん》な遊牧民――いわゆる「騎馬民族」――に、古くから縦横の活躍の舞台を提供してきた旧満州（中国東北部）から蒙古、カザフスタン、南ロシアにまたがる、「ユーラシア・ステップ地帯」と結びつく。そして西南においては、朝鮮半島南部を介し、または直接的にも、定住の農耕民・漁撈民の居住区域である、中国の中南部からインドシナを経てインドにいたる、東南アジアのモンスーン地帯の東端とも、さして隔てられてはいないのである。

日本列島は、さらに九州の南端からは、ほとんど切れ目なしに点在する小さな島々の連続と、それと並行して北上する黒潮の太くて速い流れによって、台湾およびフィリピンと結びつけられており、インドネシアの諸島はじめ南太平洋上に浮かぶ島々――いわゆる「南洋」あるいは「オセアニア」――からの、民族の移住や文化の影響を受ける可能性をもっている。しかしながら日本列島の東方には、広漠たる太平洋が

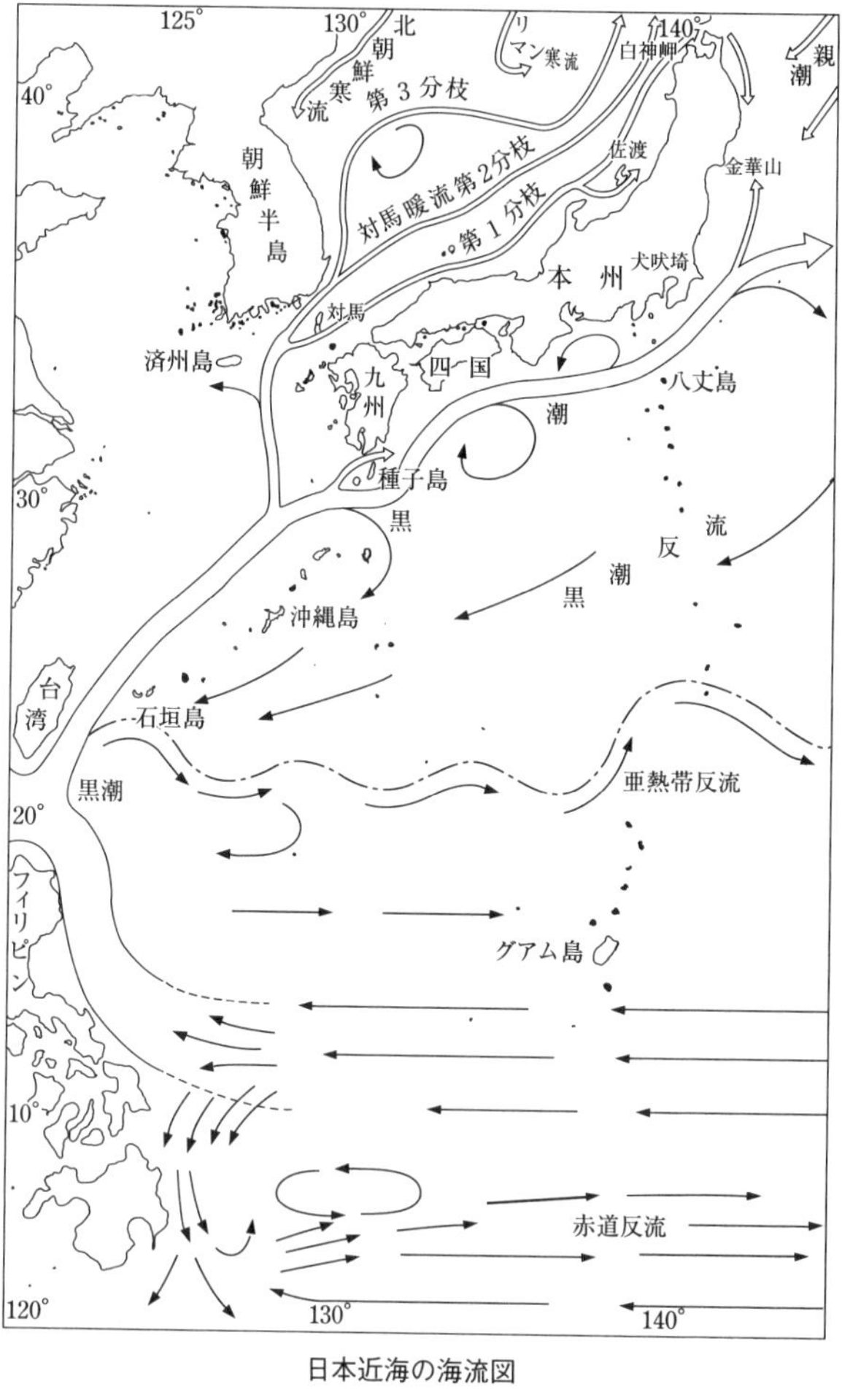
125°
130°
北朝鮮寒流
リマン寒流
140°
白神岬
親潮
40°
第3分枝
朝鮮半島
佐渡
金華山
対馬暖流第2分枝
第1分枝
本州
犬吠埼
対馬
済州島
四国
九州
八丈島
潮
種子島
30°
黒
黒潮反流
沖縄島
台湾
石垣島
亜熱帯反流
黒潮
20°
フィリピン
グアム島
10°
赤道反流
120°
130°
140°

日本近海の海流図

広がり、右に述べたようなさまざまな経路によって、大陸および南洋方面から日本に波及してくる民族の移動や文化の伝播の流れが、日本列島を通過してさらに東へ向けて運び出される道を遮断しているように見える。

日本列島の置かれている地理的位置の、このような特殊性のゆえに、北と西と南の三方向から日本に移住した民族、伝播した文化は、この列島において、行きどまり滞留する傾向をもったと考えられる。その結果日本は、古来さまざまの外来文化を受容しては、これを長期間にわたって保存するうちに、日本的風土および在来の文化的伝統と同化させ、独特な「日本的」な形に練成するという過程をくり返してきたのである。外来文化の長所を短期間のうちに摂取するという点で、世界の諸民族中にも例がないほどの能力を発揮するといわれる、日本民族の言いふるされた特性も、われわれの祖先が古くからこのような過程をくり返してきたあいだに、徐々に醸成されたものであろう。

日本文化が歴史時代において、古くは朝鮮と中国の文化——そして間接的にはインド文化——の、より新しくは欧米文化の影響を、きわめて貪欲《どんよく》な仕方で吸収したことはよく知られている。しかし日本文化の、右に述べたような意味での「吹溜りの文化」的な性格は、実は、より古く先史時代にその淵源《えんげん》があると考えられる。

われわれが使っている日本語という言語も、言語学界で定説化しつつある見解に従えば、こんにち南洋の原住民によって話されている言語のあるものと親縁関係をもつと想像される「南島語」系の「基語」の上に、中央アジアのステップ地帯からもたらされたと思われる、アルタイ系言語の強い影響がつけ加えられることによって成立したものであろうと言われる。

多元的文化から独自の文化へ

新石器時代以後における日本の先史文化は、周知のように考古学者たちによって、もっとも大まかには縄文と弥生と古墳の三時代に区分されているが、これらの諸文化を、日本の周辺に同時代的に存在した先史文化と比較してみるならば、それぞれが異なる地域と起源的に結びつくことが明らかであるように思われる。

すなわちまず縄文時代の文化は、中期以後には後に述べるように他の地域からの影響も受けたと想定されるが、少なくとも起源的には、北方ユーラシアの原始的狩猟漁撈民文化との結びつきが、もっとも顕著であるらしい。これに対して弥生文化は、一般に認められているように、中国の江南地方から東南アジアにかけての「モンスーン地帯」に発達した稲作文化と密接に関係し、他方古墳文化はその基調において、ステップ地帯の馬匹《ばひつ》飼育遊牧民の文化と共通する性格を持つと思われるのである。

日本の先史文化のこのような多元性を認めると同時にわれわれはまた、それぞれの時代が、外来文化の要素を吸収した上で、結局はそれらをこの国の風土と見事に調和した独特の形態に練成させ、日本列島の上に世界のどの地域とも異なるユニークな文化を展開させてきた事実を忘れてはなるまい。外から受容された要素が、日本において他に例の見られぬ新しい形に発達を遂げた顕著な実例として、ここでは弥生時代の銅鐸《どうたく》と、古墳時代における前方後円墳《ぜんぽうこうえんふん》の場合を想起しておこう。日本の先史文化に固有のこれらの遺物・遺跡は、われわれの心に、他文化の中で生み出された美によって与えられる感動とは別の種類の、あるなつかしさと共感の入りまじった感情を呼び起こす。他文化の産物である芸術作品は、心からわれわれを感動させる傑作であっても、なおどこかにわれわれの日本人的美意識に抵触《ていしょく》し、われわれの心の琴線《きんせん》と完全には調和しきれぬ部分——西洋文化に関してはわれわれはそれを、俗に「バタ臭さ」という言い方で表現している——を持つのが普通である。これに反して銅鐸や前方後円墳の優美さからは、それらが体質・気質・審美感覚などにおいて、われわれと同質的な人々によって創造された美的形態であることを、直感的に感じ取れる。

2　先史文化の多起源性

五つの種族文化

民族学者の岡正雄氏は、これまでわれわれが見てきたような日本の先史文化の、多元的・複合的な性格の認識の上に立って、縄文時代の中期以後日本列島に流入した主な文化複合を区分し、その内容を復元することに努められた。その研究の成果は、日本文化の成り立ちに関して仮説的な展望を与える、次のような、壮大な規模の構想として発表されている。

岡氏によれば、先史時代の日本列島には、少なくとも次の五つの種類の、起源を異にする「種族文化複合」が渡来したと想定される。

(1)母系的・秘密結社的・芋《いも》栽培＝狩猟民文化
(2)母系的・陸稲《りくとう》栽培＝狩猟民文化
(3)父系的・「ハラ」氏族的・畑作《はたさく》＝狩猟民文化
(4)男性的・年齢階梯《かいてい》制的・水稲《すいとう》栽培＝漁撈民文化

⑸父権的・「ウジ」氏族的・支配者文化

この五つの「種族文化複合」の系統と日本列島への渡来の時期および内容などは、大略次のようであったとされている。

まず⑴の文化は、タロ芋、ヤム芋などの芋類を栽培する低農耕（＝焼畑による原始的形態の農耕）を伴う、狩猟採集民の文化で、メラネシア原住民の文化と多くの点でいちじるしく類似している。しかしこの文化が、メラネシアから日本に渡来したとは、とうてい考えられぬので、アジア大陸の沿岸地域のどこかから、一つの流れが南洋に向かい、他の流れが日本列島に流入したと考えられるという。その日本への流入の時期はおそらく、縄文中期のはじめ頃であったろうと想像される。なぜならこの時期以後日本に現われる、乳棒状石斧《せきふ》や、棍棒《こんぼう》用石環《せきかん》、石皿《いしざら》、繁縟《はんじょく》な土器形態および紋様、渦巻《うずまき》紋の盛行や、土偶、土面、集落構造などの諸文化要素が、すべてメラネシア原住民の物質文化と対応することは、顕著な事実であるからという。岡氏によれば、この文化から生まれた要素はこんにちのわが国の民俗の中にも、男性秘密結社の祭り（ナマハゲなど）や、タロ芋の一種である里芋を正月など祭事のおりの食物として、特別重要視する風習などの中に、残存していると考えられる。

⑵の文化は、おそらく縄文時代の末期にわが国に渡来したものであり、狩猟生活とともに山地丘陵の斜面の焼畑において、陸稲を栽培したと考えられる。この文化の担い手たちは言語的にはアウストロアジア語系で、太陽女神アマテラスの崇拝や、家族的、村落共同体的なシャーマニズム、司祭的な役割をもつ女性支配者の存在などが、この文化の特徴であったとされる。

なお日本の古典に、イロ・ハ（母）、イロ・エ（同母の兄）、イロ・ネ（同母の兄または姉）、イロ・ト（同母の弟または妹）、イロ・モ（同母の妹）、イロ・セ（同母の兄弟）など、「イロ」という要素を共通にする一群の同母親族呼称（母親を共通にする親族を呼ぶ名称）が見出されるが、父や夫を意味する言葉で、この「イロ」を語要素として含むものは見られない。岡氏は、これは日本に、古く「イロ」という名称で呼ばれた、母系親族集団が存在したことを示しているのではないかと考えた。この「同系同母血族集団」は、いずれも母系社会であったと想定される、⑴と⑵の文化のどちらかによって、日本にもたらされたものであろうという。

⑶の文化は、アワやキビなどの雑穀を焼畑で栽培しながら、狩猟も行なったと考えられ、弥生時代の初期に満州、朝鮮方面から、ツングース系統のある種族によって、日本にもたらされたものであろうという。アルタイ語系の言語を最初にわが国に持ち

込んだのは、この種族であったと思われ、また弥生文化のなかの北方的要素と言われている、櫛目文《くしめもん》土器や、穀物の穂摘み用半月形石器なども、この文化がもたらしたものであったろうとされる。岡氏によればさらに、日本語のウカラ、ヤカラ、ハラカラなど、同族集団を意味する一連の言葉の共通の語要素となっているカラ＝ハラは、ツングース諸語において外婚的父系同族集団を呼んだ語ハラ（Hala）の系統を引くものであり、本来はこの(3)の文化に属していたと想定される。

(4)の文化は、弥生文化の主体を構成した重要な文化で、紀元前四、五世紀のころ、揚子江の河口地方よりも南の沿岸地域から、この地に存在した呉と越両国の滅亡に伴う民族移動の余波として、日本に渡来したものであろうとされる。この文化はおそらく、アウストロネシア系の、ある種族文化であったと思われ、弥生文化における南方的と言われる諸要素を日本列島にもたらした。水稲耕作を行なうとともに、進んだ漁撈技術と板張り船などをもって、沿岸漁業に従事したと思われる。社会組織としては、こんにちなお関東以南の海岸の漁村に広く見られる年齢階梯制（年齢や世代の区分によって社会を階層づける社会組織）は、この文化に固有のものであったと考えられ、そのほか若者宿、娘宿、寝宿、産屋《うぶや》、月経小屋、喪屋《もや》など、機能に応じて独立の小屋を建てる慣習も、この文化に特有のものであったという。

最後に(5)の文化は、日本列島に支配者王侯文化と国家的支配体制を持ち込んだ、天皇氏族を中心とする種族の文化であったという。これはもとは(4)の文化の担い手たちと同系同質の種族が、西から来たアルタイ系騎馬遊牧民によって征服され国家に組織されることによって、満州南部において成立したが、西紀のはじまる少し前ごろから南下の行動を開始し、朝鮮半島の南部にしばらくとどまった後、三、四世紀のころ日本列島に渡来したとされる。社会構造の特徴としては、この文化は、大家族・「ウジ」族・種族というように、タテの三段に構成される種族構造、「ウジ」父系的氏族、軍隊体制、王朝制、氏族長会議、奴隷制、氏族職階制、各種の職業集団、とくに鍛冶《かじ》職集団などを所有し、氏族ないしは種族を五つの部分に区画する「五組織」的な社会および軍隊の構造も、この文化に特有のものであったろうとされる。また宗教的にはこの種族文化は、天神崇拝、父系的祖先崇拝、職業的シャーマニズムなどの諸要素によって特徴づけられていたと思われ、要するにこの文化はそのすべての特徴において、ユーラシア・ステップ地域の騎馬遊牧民の文化と本質的にまったく一致すると見なされるのである。

岡説の意義

以上紹介が長くなったが、この岡氏の説には、わずかな資料に基づいて大胆な理論を展開した、仮説的な部分が多く含まれ、今後の研究の進歩に伴い、相当大幅な修正が加えられねばならぬであろう。すでに大林太良氏や佐々木高明氏など、この岡説を出発点としながら、それを種々の点で部分的に補正する提案をされる研究者も出現している。しかしながら、この岡説に全体的に取って代わりうるような、日本文化の多起源的成り立ちに関する総合的な展望を与える学説は、これほど綿密な形では、今日までのところ、まだだれによっても提案されていない。

岡氏自身もこの大胆な見解を、将来の研究によって、その正しさが細部に関してまで立証されることを期待して世に問われたのではないと言明されている。

日本の学界の一部には、縄文時代以後の日本人が、外からの文化的影響は受けても、種族的には常に本質的に同質であったと頭から決めてかかり、文化に重大な変容が生じた場合にも、新しい文化要素が異種族の渡来によってもたらされた可能性を、けっして認めようとせぬ態度が根強く存在している。この態度の頑迷さに対して警鐘をならし、歴史時代以前の日本文化が、起源を異にする諸種族文化の累積、混合を通して形成されたものであるという認識を、学界に定着させるのに岡説は大きな貢献を果たした。五種の文化複合に関する氏の説は、研究者たちによって現在でも作業仮説として重要な意味を認められている。今後の研究もおそらく、岡氏によって与えられた見通しの線に沿って、氏の見解が大筋において正鵠《せいこく》を射ていたことを検証しながら、部分的にそれを修正するという形で進められるであろう。

この意味で岡説は、こんにちでも日本の先史文化の成り立ちを考えようとする研究者によって、顧慮されるべき基本的作業仮説としての意義を、失っていないと言えるのである。

3　比較神話学の必要性

神話の深い意味を探る

日本の先史文化が、このように多起源的要素の累積、混交を通して形成されたことを前提にするならば、われわれは日本神話の成り立ちを考える場合にも、当然その中に起源を異にする諸種の要素が含まれていると予想しなければならない。日本列島に渡来した諸種の文化は、他の文化要素とともに、それぞれ固有の神話をともなっていたと考えられるからである。

日本の神話を、周辺の諸民族の神話と比較し、その中に含まれた諸要素の起源、系統を明らかにしようとする、日本神話の比較神話学的研究は、明治以来、高木敏雄をはじめとする先学によって行なわれ、すでに第二次大戦以前にも、松本信広氏や三品彰英らによって、着実な成果があげられていた。戦後、ことに一九五〇年代の後半以降において、この方面の研究はきわめて活発化している。

右に紹介した岡氏の説は、このような日本神話の比較神話学的研究の必要性を、民族学の立場から示唆したという点でも、大きな意味を持つ。岡氏自身、前述した五つの種族文化複合と日本神話の構成要素とを結びつけることを試みられた。そしてオオゲツヒメやウケモチの神の屍体から穀物の種が生じたという神話、アマテラスの岩戸隠れの神話、イザナギ・イザナミ神話などは(2)の文化によって、タカミムスビを主神格とする観念や、天孫降臨神話、および八咫烏《やたがらす》や金鵄《きんし》などの鳥類の活躍によって建国が成しとげられたという、神武の建国神話などは(5)の文化によって、日本にもたらされたものであろうと想定されている。岡氏はまた、日本の固有文化の中に、異なる二つの信仰形態が混じりあっていると指摘された。すなわち——

(1)カミは天上にあって、人間界へは山上、森、樹梢に降下してくるという、カミの出現を垂直的に表象する信仰形態。

⑵祖先―祖霊―死者―異形の人間・仮面仮装者、すなわち信仰対象の表象はより具象的ではあるが定形的ではないものが、かなたから村を訪れてくる、すなわち出現を水平的に表象する信仰形態。

そして、このうちの前者を最初に日本列島に持ち込んだのは、おそらく⑶の文化であり、後者は本来⑴の文化に固有のものであったろうと想定された。

これらの岡氏の見解は、ことに松村武雄と大林太良氏によって、日本神話の比較神話学的研究の中に取り入れられ、いっそう発展させられている。

以上要するに、この序説においてわれわれが確認しておきたかったのは、日本の民族文化が起源を異にする諸種の要素の混交によって成立したものであり、したがって本書でわれわれが問題にしようとしている日本神話も、当然、多起源的な要素を含むということである。日本神話の研究においては、日本の内部におけるその形成、編輯の過程を考察する歴史学的研究や文献学的研究と並んで、外の地域と関係させてその起源、系統を明らかにしようとする比較神話学的研究が不可欠である。この比較神話学の方法が、単に神話を構成する個別的要素の起源、系統を明らかにするためだけでなく、神話の全体的構造やその中に隠された深い宗教的意味を理解するためにも、重要な貢献をなしうるものであることを、本書を通じて読者の方々に理解していただきたいと、著者は念願している。

第二章　南洋との比較

1　日向神話とインドネシア

海幸彦と山幸彦

日本神話が世界の諸民族の神話と比較されるようになって、最初に多くの人々に注目されたのは、『古事記』や『日本書紀』などにみられるわが国の古典神話が、ポリネシアやミクロネシア、インドネシアなど、南太平洋の海上に浮かぶ大小の島々の原住民の間で採集される神話と、きわめてよく似た話を数多く含むという事実であった。なかでも、海幸彦《うみさちひこ》・山幸彦《やまさちひこ》の神話を中心として構成されている、「日向《ひゅうが》神話」と呼ばれる部分――ニニギから神武の父のウガヤフキアエズまで、日向に住んだ三代の皇室の祖先たちに関わる物語――と、イザナギ・イザナミを主人公とする神話は、南洋の伝承との類似が特にいちじるしいとみなされた。しかもこの日向神話とイザナギ・イザナミ神話とは、その重要な部分が海を舞台にして展開しており、日本神話の中でも海洋との結びつきがもっとも顕著である。このため過去においては、日本神話の中のこれらの部分が、黒潮の流れに沿って南洋から島伝いに伝播したとする見方が、さかんに提唱されたのである。

海幸彦・山幸彦の話は周知のように、大略次のような内容の物語である。

日向の高千穂の峰に降臨した天孫ニニギの命《みこと》と、土地の神オオヤマツミの娘コノハナサクヤヒメの結婚によって生まれた三つ児の兄弟のうち、長兄のホデリの命は海幸彦と呼ばれて海に出ては魚を取り、末弟のホオリの命は山幸彦と呼ばれて、山で鳥や獣の狩りをしていた。ある日のことホオリは渋る兄を説得して互いの道具を取り替え、兄の釣道具を持って海に行ったが、魚は一尾も釣れず、針まで失ってしまった。兄から針の返却を迫られたホオリは、自分の剣《つるぎ》をこわして、まず五百の針を作り、次には千の針を作って弁償しようとしたが、兄は受け取らず、どうしても元の針を返せと言って、承知しなかった。ホオリが途方にくれ、海辺に行って泣き悲しんでいると、そこにシオツチの神が来て、彼に「間なし勝間の小船《おぶね》」を造って与え、海神の宮に行く道を教えた。ホオリが言われたとおりにして、海神の住居に行き、宮殿のそばにある井戸のかたわらの桂の木にのぼって待っていると、そこへ海神の娘・トヨタマヒメの侍女が水汲みに来た。ホオリは彼女に水を飲ませてほしいと言って

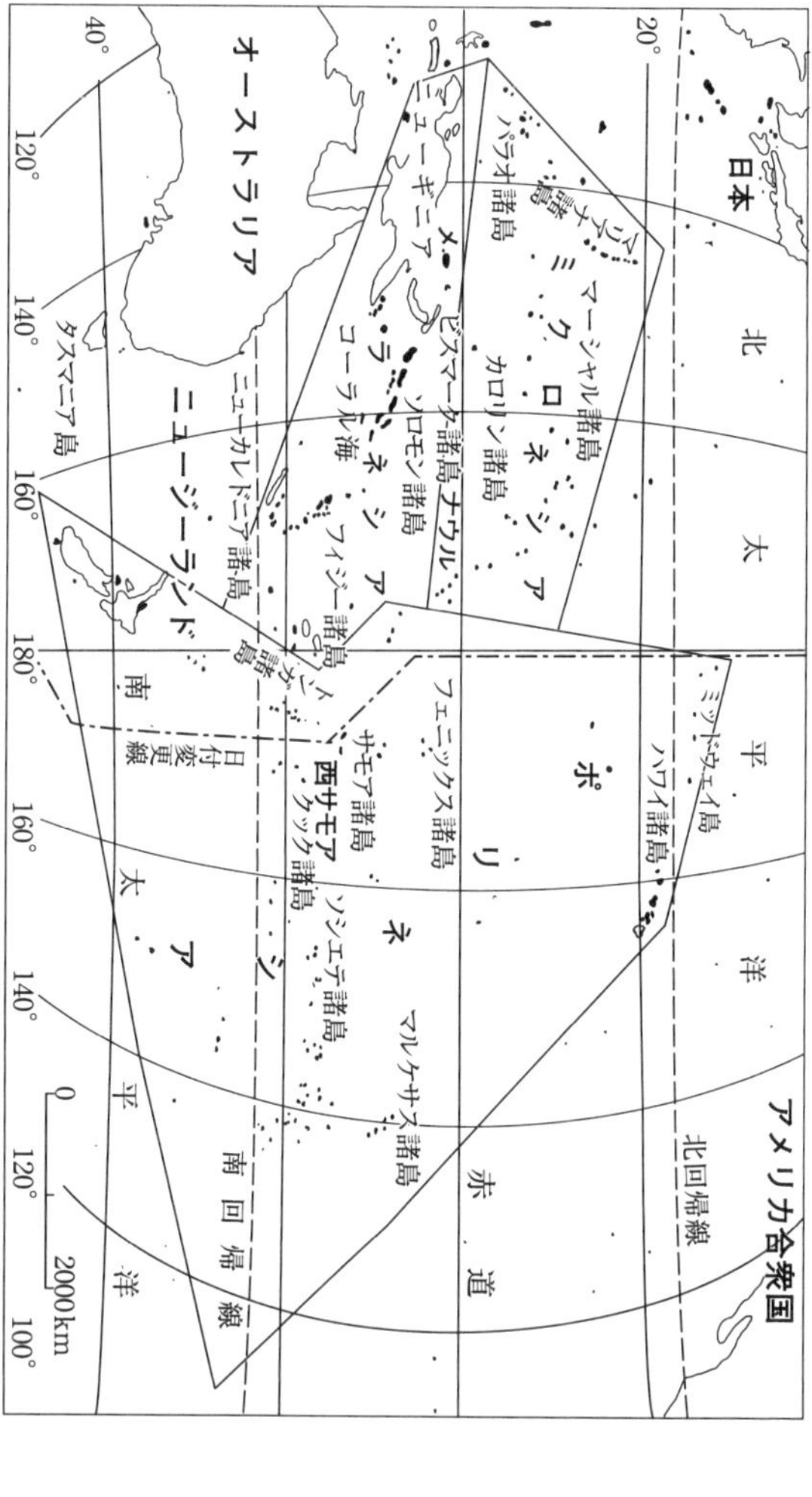
日本
北太平洋
アメリカ合衆国
北回帰線
ミッドウェイ島
ハワイ諸島
赤道
ミクロネシア
マリアナ諸島
マーシャル諸島
カロリン諸島
パラオ諸島
ナウル
ポリネシア
フェニックス諸島
サモア諸島
西サモア
クック諸島
ソシエテ諸島
マルケサス諸島
トンガ諸島
メラネシア
ニューギニア
ビスマーク諸島
ソロモン諸島
コーラル海
フィジー諸島
ニューカレドニア諸島
オーストラリア
タスマニア島
ニュージーランド
日付変更線
南回帰線
南太平洋
0
2000km
20°
40°
120°
140°
160°
180°
160°
140°
120°
100°

オセアニア地図

頼み、女が水を汲んで差し出すと、水は飲まずに頸《くび》にかけていた珠《たま》を解き、口に含んで器の中に吐き入れた。すると珠は器について、離れなくなった。侍女はトヨタマヒメのところに帰り、外の桂の木の上に不思議な客が来ていると姫に伝えた。姫は自ら出て見たうえで、父の海神に報告すると、海神も出て見て、これは貴い御子《みこ》だと言って、ホオリを内に招じ入れ、あつくもてなし、トヨタマヒメと結婚させた。

三年のあいだ、海神の宮で幸福に暮らした後で、ホオリはある時、自分が海底にやって来た最初の目的を思い出し、妻の見ているところで溜息をついた。トヨタマヒメからこのことを聞いた海神はホオリに質問して、彼が、なくした釣針を探しに来たことを知った。そこで海神は魚たちを呼び集めて問いただし、針が鯛《たい》の喉《のど》に刺さっているのを発見して、これをホオリに与えた。そして彼に「この針を兄上に返す時には、貧乏針の悲しみ針だと言いながら、後ろ向きにお渡しなさい。そして兄上が高い所に田を作ったら、低いところに田を作り、低い所に作ったら、高いところにお作りなさい。そうすれば私が水をつかさどっていますから、三年のあいだに兄上は貧乏になるでしょう。このことを怒って、もし兄上が攻めて来たら、この潮の満ちる珠を使って溺《おぼ》れさせ、あやまればこちらの潮の干《ひ》る珠《たま》で助けておやりなさい」と教えた。そしてホオリに二種の珠を授け、体長が一尋《ひろ》(五〜六尺)の鰐《わに》に命じて彼を陸に送らせた。鰐はあらかじめ約束したとおり、一日のうちにホオリを送り届け、帰還した。

陸に帰ったホオリは、針を返した後で、海神に教えられたとおりにして、兄を苦しめたので、兄はついに降参して、ホオリの護衛兵となることを誓い、隼人《はやと》族の祖先となった。

ホオリの子を妊娠したトヨタマヒメは、出産の時が近づくと、海から上がり海辺に鵜《う》の羽根を屋根にした産屋《うぶや》を造らせて、その中で子を生んだ。しかしホオリが妻の言葉に背《そむ》いて産屋の中をのぞき、トヨタマヒメが八尋《ひろ》もある大鰐になってのたうつありさまを見てしまったために、彼女はこのことを恥じ、子を生み捨てにしたまま、海への通路をふさぎ海底に帰った。この子は波打ちぎわに建てられた産屋の中で、鵜の羽根が葺《ふ》き終わらぬうちに生まれたために、アマツヒコヒコナギサタケウガヤフキアエズの命と名付けられた。トヨタマヒメは妹のタマヨリヒメを陸に送って、この子の養育に当たらせ、彼は成長した後このタマヨリヒメと結婚して、カムヤマトイワレヒコ（神武天皇）を含む四人の息子たちの父となった。

失われた釣針

南洋で数多く採集されている、この話の類話の中でも、類似の程度が特にいちじるしいと思われるのは、ミクロネシアのパラオ島、およびインドネシアのケイ諸島とスラウェシ島のミナハッサの話である。

パラオの話――海から陸に上がって島の首長と結婚した女から生まれたアトモロコトは、不思議な光を発する真珠貝の殻から作った針を持って、毎日、防波堤の突端に行っては、魚を取っていたが、帰宅するとその針を父親に示さねばならなかった。ある日のこと、彼が魚に針を取られてしまって、悄然《しょうぜん》として帰宅すると、父は激昂《げっこう》して、口汚く息子を罵《のの》り辱《はずか》しめた。息子はそこでしかたなく、アダラルという女性に助けを請い、彼女に教えられたとおりにして、防波堤の突端から海底に降り、一尾の魚に案内されてアダックという土地に行き、泉の側に坐っていた。するとそこに一人の乙女が水汲みに来て、アトモロコトと言葉をかわし、家に帰ってそのことを報告したので、アトモロコトは内に招じ入れられた。家の中では一人の老女が、頸の痛みのために瀕死の状態にあったが、彼女はアトモロコトを見て、自分の娘と似ているのに驚き、彼の母親が誰であるか尋ねて、アトモロコトが自分の孫であることを知った。彼とここまで同伴してきた魚が、老女の前で滑稽な舞踏をして見せると、彼女は思わず吹き出し、その途端に喉に刺さっていた針が口から飛び出し、それと同時に彼女を苦しめていた痛みが癒《い》えた。アトモロコトが針を手に取って見ると、彼が探していたものだったので、彼は携えてきた籠の中にそれをしまい、祖母に暇《いとま》ごいをして陸に帰った。

スラウェシのミナハッサの話――ある時パサムバンコのカヴルサンが、友人から釣針を借り、小舟で海に出て釣りをしているあいだに、魚に針を取られてしまった。彼が心を痛め家に帰ると、友人は彼の詫びを聞き入れず、「どうしても元の針を返せ。他の針では十本でもだめだ」と言って、カヴルサンを困惑させた。彼はそこでしかたなくまた海に舟を乗り出し、前に針をなくした場所の海中に潜ってみた。すると海底に一筋の道が通じており、それをたどって行くと、ある村に着いた。一軒の家から騒々しい物音と泣き声が聞こえてくるので、中に入ってみると、一人の乙女が喉に刺さった釣針のために苦しみ悶《もだ》えていた。カヴルサンがよく見ると、それは自分のなくした針だったので、彼は喜んで医者になりすまし、家人を外に出しておいて乙女の喉から針を引き抜き、衣服の中にしまい込んだ。娘の両親からもらった治療の礼の贈物を持って、カヴルサンが先刻水に潜った地点に戻ってみると、乗ってきた小舟がなくなっていた。彼が途方にくれていると、そこに一尾の大魚が現われ、彼の依頼に応じてカヴルサンを背に乗せ、風のような速さで水中を泳ぎ、陸まで送り届けてくれた。帰宅したカヴルサンは友人に針を返した後で、雨除けにするためにバナナの木から取った葉を、元の木に戻せと言って意地悪な友人を困らせ、また神々に祈り大雨を降らせて彼を窮地におとしいれ、復讐を果たした。

ケイ諸島の話――昔、三人の兄弟が二人の姉妹とともに、天上に住んでいた。ある日末弟のバルパラは長兄のヒアンから借りた釣針を使って、雲の海で魚釣りをしているあいだに、魚に針を取られてしまった。バルパラが帰宅すると、ヒアンは激怒し、何としてもなくした針を取り戻してこいと要求した。バルパラはしかたなく小舟に乗って雲の海に潜り、方々探しまわっていると、そこに一尾の魚が現われ、彼の苦境に同情して、助力を約束した。そして、ひっきりなしに咳をしている魚を見つけて、その喉からバルパラのなくした針を抜き取り、彼に返してやった。帰宅したバルパラはヒアンに針を返した後で、無理を言って彼を苦しめた兄に仕返しをするために、ヒアンの寝床の上に、椰子《やし》酒が入った竹筒を結びつけ、兄が起き上がるとひっくり返るようにしておいた。そしてヒアンが酒をこぼすと、その酒を元通りにして返せと要求したので、ヒアンは困って、酒が沁みこんだ地面を一生懸命掘って行くうちに、とうとう天に穴があいてしまった。兄弟たちは、下の世界に何があるか知ろうとして、犬に綱をつけて穴から下界に下ろし、また引き上げてみると、犬の足に白い砂がついていたので、下界にも住める陸地があることがわかった。そこで彼らは、下界に移住する決心をし、四匹の犬をともない、綱を伝って下界に降り、地上の人類の祖先となった。

日向神話との共通点

これら三つの南洋説話は、たしかに、主人公が魚釣りの最中に魚に取られてしまった釣針の返却をきびしく要求されて、しかたなく海底に赴き、探索の末に首尾よく魚の喉に突き刺さっていた針を取り戻して陸に帰り、彼に針を返せと難題を言った人物に仕返しをするという、物語の基本的な筋立てにおいて、日本の海幸彦・山幸彦の話とほぼ完全に一致している。しかも三つの話は、それぞれいくつかの特異な細目に関しても、日本神話と顕著な類似を示す。すなわちパラオの話の主人公が、海底の国アダックに到着した後で、泉の側に坐っていると、水を汲みに来た乙女によって発見され、彼女の報告を受けた家人によって、祖母の家の内に招じ入れられているのは、山幸彦が海神の宮の門に行き着き、井戸の上に枝を伸ばした桂の木に腰掛けているところを、水を汲みに来た侍女に発見され、報告を受けた海神によって御殿の中に招き入れられているのを思わせる。またミナハッサの話は、主人公に針を貸した人物が、なくなった釣針の代わりに多数の針を受け取るのを拒否すること、主人公が海底から迅速な大魚の背に乗せられて帰還していること、彼が針を返したあと、雨を手段として復讐を果たしていることなどの諸点で、日本神話と明らかに共通している。

なおこの話で、主人公を陸に送った魚には、このことの記念として、主人公によりポンコルスメセンカトという名が与えられたといわれているが、これは、日本神話で山幸彦を送る役を果たした鰐《わに》が、このことの記念としてホオリから首に紐小刀《ひもこがたな》をつけてもらい、その結果、サイモチ（サヒモチ）の神と呼ばれるようになったといわれているることを思い出させる。最後に、ケイ諸島の神話の主人公が三人兄弟の末弟であり、彼に釣針を貸すのがその長兄であるのも、山幸彦と海幸彦の場合と一致している。これらの諸点を考え合わせるならば、これらの南洋の説話と、日本の海幸彦・山幸彦の物語のあいだに、親縁関係が存在することは確実と見てよいであろう。

バナナと木の花

「日向神話《ひゅうが》」において、この海幸彦・山幸彦の物語の直前には、ニニギとコノハナサクヤヒメの婚姻の物語がある。この話の類話もやはり南洋に見出されるのである。この結婚は、『古事記』によれば、つぎのようにして行なわれたとされている。

高天原《たかまがはら》より日向に降臨したニニギの命《みこと》は、笠沙《かささ》の岬でオオヤマツミの神の娘のコノハナサクヤヒメという美女を見そめ、結婚の申し込みをした。ニニギの求婚の申し出を聞いて、オオヤマツミはたいそう喜び、コノハナサクヤヒメに姉娘のイワナガヒメをそえ、たくさんの献上物とともに天孫のもとに奉《たてまつ》った。ところがこのイワナガヒメは醜女《しこめ》であったために、ニニギは彼女を嫌って、父のところに送り返し、コノハナサクヤヒメだけを留めて、これと一夜の契りを結んだ。オオヤマツミは、姉娘を返されたことを恥じ、ニニギにつぎのように言ってよこした。「二人の娘をいっしょに差し上げたわけは、イワナガヒメを妻にされることによって、天神の御子《みこ》のお命が、石のように永久に固く変わらぬように、またコノハナサクヤヒメを娶《めと》られることにより、木の花の栄えるようにお栄えになるようにと念願したからです。それなのに今、イワナガヒメを返され、コノハナサクヤヒメだけをお留めになったので、天の神の御子のお命は、木の花のようにはかなくなるでしょう」(天皇の寿命が長くないのは、このためである)。

この話はこのように日本神話の中では、神であるはずの天皇の生命が、人間なみに短くなった理由を説明する物語となっている。南洋では、これときわめてよく似た話が、人間の生命の短い理由を説明するために用いられているのである。学者によって「バナナ型」として分類されている、この南洋の死の起源神話は、インドネシアからニューギニアにかけて分布しているといわれるが、中でもスラウェシのポソ地方のアルフール族から採集されたつぎの話は、日本神話との類似が特にいちじるしい。

大昔には天地のあいだは、今よりずっと近く、人間は創造神が縄に結んで天から下ろしてくれる、贈物によって生活していた。ある日のこと、創造神が石を下ろしたところが、人類の始祖の夫婦はそれを受け取ることを拒否し、何かほかの物が欲しいと要求した。神がそこで石を引き上げ、今度はバナナを下ろすと、夫婦は喜んでそれを食べた。すると、天からつぎのように言う声が聞こえてきた。

「石を捨ててバナナを選んだのだから、お前たちの生命は、子供をもつとすぐに親の木が死んでしまう、バナナのようにはかないものとなるだろう。もし石を受け取っていれば、お前たちの生命は石のように永久に続いたであろうに」

このスラウェシの話はたしかに、人間にゆだねられた最初の選択が、石とバナナそれ自体であるという点で、石と木の花が、それぞれ醜い姉娘と美しい妹娘という人間の形であらわされている日本神話の場合と違っている。しかしながらこの点を除けば、石を捨て植物を選び取ったため短い寿命を与えられたという基本的結構において、二つの話は正確に一致していると言ってよいであろう。南洋の類話におけるバナナが、日本で木の花に変わっているのは、気候風土の相違を反映したきわめて自然な変化と考えられよう。

火中の出産

日向神話には、このほかにもまだ南洋との関係を示唆する要素が見出される。コノハナサクヤヒメが、ニニギとの一夜の契りによって身ごもった子を、夫から国つ神の子ではないかと疑われ、戸のない大きな家を作って中に入り、粘土ですき間をすっかりふさいでおいて、出産の時に火をつけ、無事にホデリ以下三人の息子を分娩して身の潔白を証明してみせたという話は、インドネシアからインドシナ半島にかけて見られる、産婦の近くで火を燃やす「産婦焼き」の習慣を思わせる。また『日本書紀』の引く第三の一書の伝承によれば、この火中における出産のさいに、児のへその緒を切るため竹刀が用いられたとされているのは、インドネシアの各地に例が見られる風習と一致する。日向を舞台に展開している、ニニギ以下三代の皇室の祖先たちにまつわる話は、このように多くの点で南洋、特にインドネシアの神話や風習と、何らかの親縁関係を考えずには、説明がむずかしいほど顕著な類似を示すのである。

このことを、最近まで多くの研究者たちは、南九州地方の原住民であった隼人《はやと》がインドネシア系の種族であったとみなし、日向神話を、全体的にこの隼人の伝承を取り入れたものと考えることによって説明してきた。

2　ポリネシアとイザナギ・イザナミ神話

島釣り型

これまで検討してきた日向神話と並んで、南洋の伝承との類似が特にいちじるしいといわれてきたのは、イザナギとイザナミの夫婦神を主人公とする、「国生み神話」の部分である。

周知のようにこの部分の冒頭に置かれているのは、つぎのような内容の、オノゴロ島創造の物語である。

世界のはじめに高天原に出現した神々の中で、最後に生まれたイザナギとイザナミは、天神たちから国土を固めよと命令され、アメノヌボコという矛《ほこ》を授けられた。二神は天の浮橋の上に立ち、矛をさしおろし海の水をかきまわして引き上げると、矛の先からしたたり落ちる海水が積もって、最初の陸地であるオノゴロ島に成った。

この神話は従来、研究者たちによって、ポリネシアを中心にしてメラネシアやミクロネシアの一部にも分布している、陸地創造神話の系統をひくとみなされてきた。これらの南洋神話は、太古に神が海底から島を釣り上げたという形で、陸地の起源を説明したもので、「島釣り型」として分類されている。たとえばポリネシアのマルケサス諸島に伝わる話によれば、「世界のはじめにはただ海だけがあり、その上に原初から存在したティキ神が、一艘のカヌーに乗って浮かんでいた。その後彼は、海の底から陸地を釣り上げた」といわれ、ニウエ島の話では、「昔、大洋にはただ暗礁があるだけだったが、そこへ南方から一柱の神が帆舟に乗ってやってきた。彼は海底をのぞき、白い岩を見つけ、これを釣り上げてニウエ島とした」と物語られている。

ニュージーランドやハワイなどでは、この島釣りは、ポリネシア神話のもっともポピュラーな主人公である、マウイ神の冒険の一つとして言い伝えられている。ニュージーランドに伝わるこの話の一つの形は、こうである。

マウイには祖母があり、彼の兄たちが運ぶ食物によって養われていたが、彼らはあるときこの務めを怠り、祖母の食物を自分らで食べてしまった。マウイが、兄たちに代わって食物を持って祖母のところに行ってみると、彼女は病気になり身体の半分はすでに死んでしまっていた。マウイはこれを見て、瀕死《ひんし》の祖母の下顎《したあご》の骨を毟《むし》り取り、それで釣針を作り、これを隠し持って家に帰った。

あくる日、兄たちが大洋に魚釣りに出かけるときになると、マウイはカヌーの中に隠れていて、沖に出たところで姿を現わした。そして隠し持っていた例の釣針を取り出し、自分の鼻を打って出した血を、餌の代わりに付けて、釣糸を海中に下ろした。するとすぐに巨大な魚が食いついた。マウイが糸を引き上げると、海底から大魚の形をした陸地が釣り上げられた。

これらの南洋の神話では、島は釣針にかけられ、海底から文字どおり釣り上げられているので、矛で海水をかきまぜ島を造ったという日本のオノゴロ島神話の場合と、陸地創造の方法が完全に同一ではない。しかし、後に述べるような問題はあるが、海中に道具を入れ、それをまた引き上げることによって陸地を得ているという点では、日本と南洋の神話は、たしかに同類の説話タイプに属すると認めてよいであろう。

なおこの類似を重要視する人々は、イザナギによって陸地を得るため海中にさし入れられている矛が、上代の日本において魚捕りの道具としても用いられた記録が古典に見えることや、イザナギによって国土が固められる前の下界のありさまが、『日本書紀』本文では「開闢《かいびゃく》の初に、洲壌《くに》の浮き漂へるは、譬《たと》へばなほ游《あそ》ぶ魚の水の上に浮かべるがごとくなりき」と言われ、『古事記』では「国稚《わか》く、浮かべる脂《あぶら》の如くして水母《くらげ》なす漂《ただよ》へる時」と形容されており、日本神話でも、最初の陸地が魚類の形をしていたと言われていることにも注意している。

島生み型

さて原初の大洋のただ中に、右に述べたようにして最初の陸地オノゴロ島を造った後、イザナギとイザナミはこの島の上に降り立ち、そこで夫婦の交わりをして、日本の国土を構成する島々を、つぎつぎに子として生んだとされている。

このように島が男女の神の交合の結果、子として生み出されたという、「島生み型」の陸地創造神話も、ポリネシアに広く分布している。

たとえばハワイの神話によれば、「天神ワケアはパパ女神と結婚し、パパはまず最初にハワイ島とマウイ島を生んだ。ところがワケアはパパの留守のあいだに、カウラ女神と交わってこれにラナイ島を生ませ、さらにヒネ女神にもモロカイ島を生ませた。パパはこのことを知り腹いせに彼女もルア神と通じて、オアフ島を生んだが、その後結局、夫婦はまたよりをもどして、カウアイ、ニハウなど残りの島々を生んだ」とされており、これと同型の神話は、マルケサス、ソシエテ、ニュージーランドなどにも存在している。

死者の国への訪問

イザナギとイザナミは「国生み」を終えた後、今度は多くの神々を生むが、この「神生み」の最後にイザナミは、火の神カグツチを生んだところが、この神の火によって性器を焼かれ、その火傷《やけど》がもとで死んでしまう。

この後、イザナギ・イザナミ神話の最後に語られているのが、イザナギの「黄泉国《よみのくに》訪問」の神話である。

イザナミに先だたれたイザナギは、妻の死を激しく嘆き悲しみ、亡妻に会うため黄泉国に赴《おもむ》いた。するとイザナミも、愛する夫が死者の国まで自分を訪ねて来てくれたことを喜び、住んでいた宮殿の戸の外に出て迎えた。イザナギが妻にどうかもう一度自分といっしょに上の世界に帰って欲しいと言って訴えると、イザナミは、「あなたがもう少し早くいらしてくださるとよかったのですが。残念なことにわたしは、すでに黄泉国の食物を食べてしまいました。でも、何とかして帰れぬものか、黄泉の神と相談してまいりましょう。そのあいだ、どうかわたしを見ようとせず、お待ちになっていてください」と言って、ふたたび宮殿の中に入っていった。

イザナギは長いあいだ待ったが、いつまでもイザナミが姿を現わさぬので、しまいには待ちきれなくなって、頭に刺した櫛《くし》の歯を一つ欠き取り、これに火をともして、殿の中に入ってみた。するとそこには、イザナミの屍体が腐乱して蛆《うじ》が湧きごろごろ鳴っており、その屍体の各部分から恐ろしい雷神が発生していたので、イザナギは驚き、いちもくさんに逃げ出した。イザナミは夫が約束を守らなかったために、恥ずかしい姿を見られたことを怒って、黄泉の国の醜女《しこめ》たちにイザナギを追跡させた。

危地に陥ったイザナギは、まず頭につけていた髪飾りを取って後ろに投げ、つぎには櫛の歯を折り取って投げると、それらが野ぶどうとたけのこに変じ、醜女らがそれを取って食べているあいだに、逃げのびることができた。イザナミは今度は、自分の屍体から生じた雷神たちに、おおぜいの黄泉の軍勢をそえて、イザナギを追わせた。イザナギは剣を抜き後方に振りまわしながら、黄泉の国の境のヨモツヒラサカの上り口のところまで逃げ、そこに生えていた桃の木の実を投げつけ、追手を撃退した。

するとそこへ、今度は、イザナミが自分で追ってきた。イザナギはあわてて、大きな岩で道を塞ぎ、この巨岩をあいだに置いて夫婦の神はたがいに離婚の申し渡しをした。イザナミが「あなたがこんなひどい仕打ちをなさるのなら、わたしは毎日千人ずつあなたの国の人間を殺しますよ」と言うと、イザナギは、「あなたがそうするのなら、わたしは毎日千五百ずつ産屋《うぶや》を建てよう」と言って応酬した。

このイザナギの黄泉国訪問の物語とよく似たポリネシアの神話は、ニュージーランドのマオリ族のあいだに伝わる、つぎのような話である。

タネ神はある時配偶者を欲しいと思って、土で女の形を造って生命を吹きこみ、これと交わってヒネという娘を生ませ、このヒネが成長するのを待って彼女を自分の妻にした。しかしヒネは自分の夫が実の父親であるのを知って、恥ずかしさのあまり自殺し、地下の国に行き偉大な夜の女神となった。タネは妻の死を悲しみ、後を追って自分も冥界《めいかい》に赴き、つぎに冥府《めいふ》の番人たちのところを通過して、ついにヒネのいる家に行き着き、戸を叩いた。しかしヒネはタネを中に入れず、彼が戸の外から、自分とともに地上に戻ってくれと言って懇願すると、これをにべもなくはねつけ、タネに、「あなたは一人で上界に帰り、明るい太陽の光のもとで子孫を養いなさい。わたしは地下の世界にとどまり、彼らを暗黒と死の中に引き下ろすでしょう」と宣言した。タネはそこで、しかたなく、悲しみの歌をくちずさみながら、一人で地上に帰っていった。

このマオリ神話は妻の女神に先だたれた夫の神が、彼女を生き返らせようとして後を追い、冥界に赴くが、結局は妻を連れ戻すのに失敗して、一人で上界に戻らねばならなかったという、話の基本的筋立てにおいて、日本のイザナギ・イザナミ神話と軌を一にしている。しかもマオリ神話で、ヒネがタネに絶縁を宣言するのに当たって言ったとされている言葉の内容は、日本神話でイザナギとイザナミが最後の別れのおりに、たがいに申し渡しあったとされている離婚の言葉とすこぶるよく似ている。

イザナギ・イザナミ神話は、このように、従来から指摘されてきたとおり、全体的に南洋、特にポリネシアの神話との類似がいちじるしい。この類似が日本神話の系統を考えるうえで、どのような意味を持つかは後でまた検討することにして、ここではひとまずその事実だけを確認しておこう。

第三章　神の殺害と農耕の起源

1　オオゲツヒメ神話とハイヌウェレ神話

神の屍体からの穀物の発生

南洋の神話と顕著な類似を示す日本神話の例として、われわれはここで、殺された神の屍体から穀物が発生したしだいを物語る話に注目しておこう。この話は『古事記』と『日本書紀』において、かなり異なる形で物語られている。

まず『古事記』の話は、つぎのようである。

高天原《たかまがはら》から追放され、下界に下ったスサノオの命は、オオゲツヒメを訪ね、この女神に食物を要求した。するとオオゲツヒメは、鼻や口や尻から、種々の食物を取り出し、さまざまに料理してスサノオに食べさせようとした。しかしこの様子を覗《のぞ》き見していたスサノオは、オオゲツヒメが自分に汚物を与えようとしていると思い、怒ってこの神を殺してしまった。すると殺された女神の頭には蚕《かいこ》が、両目には稲の種が、両耳には粟《あわ》が、鼻には小豆《あずき》が、性器には麦が、尻には大豆が生じた。カミムスビミオヤの命がこれらを取って、種とした。

『日本書紀』では、明らかにこの神話の異伝とみられる話が、つぎのような形をとって物語られている。

イザナギによって高天原の支配者に任命され、天に上ったアマテラスは、下界にウケモチという神のいることを聞き、弟のツキヨミに命じて、この神を訪問させた。するとウケモチは、まず国の方に顔を向けて口から飯を出し、つぎには海の方を向いて口から大小の魚を出し、つぎに山の方を向いて口から鳥や獣を出して、これらをたくさんの机の上に盛りつけ、ツキヨミを饗応《きようおう》しようとした。これを見たツキヨミは、顔色を変えて憤慨し、「何というけがらわしいことをするのだ。どうして口から吐き出したものを、わたしに食べさせるのか」と叫ぶと、剣を抜き、ウケモチを斬り殺した。

天に帰ったツキヨミから、このことの報告を受けたアマテラスは、たいそう立腹して、「あなたのような性悪な神とは、顔をあわせたくありません」と言った。この時から日神と月神は、昼と夜に別れて空に出るようになった。

この後でアマテラスは、アメノクマヒトという神に、様子を見に行かせた。するとウケモチの神はたしかに死んでいたが、その屍体の頭のてっぺんには牛と馬が生じ、額の上には粟が生じ、眉《まゆ》の上には蚕のまゆが生じ、眼の中には稗《ひえ》が生じ、腹には稲が生じ、陰部には麦、大豆と小豆が生じていた。アメノクマヒトがこれらを天上に持ち帰って献上すると、アマテラスは大喜びし、さっそく粟と稗と麦と豆を畑の、稲を田の作物に定めて農業を創始し、またまゆからは糸を作り、養蚕をはじめさせた。

『日本書紀』にはまた、火の神カグツチと土の女神のハニヤマヒメのあいだに生まれた子がワクムスビで、この神の頭に蚕と桑の木が生じ、臍《へそ》の中には五穀が生じたという記事があるが、これも同じ神話の簡略化された異伝であろう。

右の三つの話は、それぞれ主人公となっている神の名も異なり、内容的にもかなり大幅な違いを含む。しかし『古事記』のオオゲツヒメの話と、『日本書紀』のウケモチの神の話のあいだには、明らかにつぎの三つの特異な要素が共通して見られる。

(1)身体から汚物あるいは分泌物を出すのと同じしかたで食物を出し、饗応する神があったが、

(2)ある時その饗応を受ける者に、食物を身体から出しているところを覗《のぞ》き見され、怒りをかって殺された。
(3)この神の屍体から、人間の主食となる食用植物が生じ、これによって農業が創始された。

最後にあげたワクムスビの話は、この神話の(1)と(2)の部分が省略されるか、欠落するかしたものと見なすことができよう。

以下においてわれわれは、便宜上日本神話に見られるこの型の穀類起源神話の諸異伝を総称して、「オオゲツヒメ神話」と呼び、議論を進めることにしよう。

オオゲツヒメとハイヌウェレ

この日本のオオゲツヒメ神話と同型の食用植物起源神話の分布は、かなり限定されている。右に挙げた三つの要素のすべてを含む典型的な形で、この話が見出されるのは、日本以外では、一方においてアメリカ大陸と、他方では南洋（インドネシア、メラネシア、ポリネシア）に限られるのである。

南洋におけるこの型の類話としては、まず、後に述べるような理由によって有名になった、インドネシアのセラム島のウェマーレ族のあいだに伝わる、つぎの話をあげておかねばならない。

バナナの実から発生した最初の人間の一人だったアメタという男が、あるとき狩りに出て椰子《やし》の実を見つけ、これを家に持ち帰り、布に包んで大切に棚にのせておくと、その晩、夢に不思議な男が現われ、彼にその実を土に埋めよと命令した。アメタが、言われたとおり椰子の実を埋めると、三日目にはすでに高い樹になり、さらに三日たつと花が咲いた。アメタは花から酒を造ろうと思い、樹の上によじ登って働いていたが、あやまって指にけがをし、血が椰子の花の上に滴《したた》った。三日後にアメタがまたその場所に来て樹の上をみると、血と花の汁が混じり合ったところから人間ができかけており、すでに頭部ができあがっていた。さらに三日たってきてみると胴体が生じており、九日目には五体完全な女の子になっていた。するとその晩またアメタの夢に、前と同じ男が現われ、彼に「女の子を、前に椰子の実を包むのに使ったのと同じ布にたいせつにくるんで、椰子の樹から取り下ろし、家に連れてきて育てよ」と命令した。

アメタは言われたとおりにし、この女の子にハイヌウェレ（椰子の枝）という名をつけた。彼女は不思議な速さで成長し、三日後にはすでに一人前の娘になった。そして不思議なことに彼女は、大便として陶器や鐘（これらはウェマーレ族にとっては、舶来の貴重品である）などさまざまな高価な品物を出したので、アメタはひじょうに裕福になった。

そのうちにあるとき、マロ舞踏が行なわれることになった。この舞踏は九日のあいだ、毎晩別の場所で夜を徹して行なわれる。踊りを踊る男たちは、九重の螺旋《らせん》状の環を形成し、その真中に女たちが坐っていて、彼らに踊りながら嚙《か》むための檳榔樹《びんろうじゅ》の実とシリーの葉を手渡すのである。

ハイヌウェレは、このマロ舞踏において、男たちに嚙むものを渡す役をつとめさせられることになった。最初の晩は、彼女は踊りの輪の真中にいて、しきたりどおり、男たちに檳榔樹の実とシリーの葉を渡したが、二晩目《ふたばん》にはその代わりに、自分の身体から出た珊瑚《さんご》を踊り手たちに与え、その後は毎晩、前の晩に与えた物よりいっそう高価な品を男たちに配った。そのため人々はハイヌウェレのことが、気味悪くなると同時に、妬《ねた》ましくもなった。そこで八日目の晩の踊りがすんだ後で、彼らは集まって相談し、最後の晩の踊りのあいだに彼女を殺すことに決めた。そして踊りの輪の真中に穴を掘っておいて、踊りながらハイヌウェレをその中に突き落とし、歌声で少女の悲鳴が聞こえぬようにしながら、彼女を生き埋めにし、その上を踊って踏み固めた。夜明けがきて舞踏が終わると、人々はそのままそれぞれの家に帰った。

ハイヌウェレが、朝になっても戻ってこないのを心配したアメタは、彼女の運命を占ってみたところ、乙女《おとめ》が舞踏の最中に殺害されたことがわかった。彼はそこで椰子の樹から葉脈を九本取り、これを持って最後の舞踏が行なわれた広場に行き、地面につぎつぎに刺していった。すると九本目の葉脈を刺したところが、ちょうど踊りの輪の中心に当たっており、アメタがそれを引き抜くと、先端にハイヌウェレの毛髪と血が付着してきた。アメタは娘の屍体を掘り出し、それをたくさんの断片に切り刻み、それらを、踊りの行なわれた広場の周囲に埋めた。すると埋められた屍体の各部分からは、いろいろな種類のヤム芋が生じ、このとき以後、これらがウェマーレ族の主食物となった。

このウェマーレ族の神話では、不思議な乙女ハイヌウェレが生きているとき、身体から汚物の代わりに排泄《はいせつ》するものが、食物ではなく高価な財宝であることや、ハイヌウェレがそれらを出すところを覗き見されるという話が欠如していることなどが、日本のオオゲツヒメ神話の場合と異なっている。しかしながら同じウェマーレ族のあいだではつぎのような、これらの点でも日本神話とまったく一致する説話も採集されている。

一人の祖母が、孫の少年といっしょに暮らしていた。彼女はいつも、少年が留守のあいだに作った粥《かゆ》を、彼に食べさせていた。ある日のこと少年は、外に行くふりをしてこっそりもの陰に隠れ、祖母の様子を覗き見していると、彼女は自分の身体から刮《こそ》げ取った垢《あか》を材料にして粥を作っていた。このため食事どきになると、少年は祖母に「食べたくありません。なぜならぼくは、あなたのしていることを見たからです」と言った。すると祖母は、つぎのように言った。

「おまえが見てしまって、食べたくないというのなら、しかたないからこの家から出てお行き。だが三日たったら帰って来て、家の下を見てごらん。ためになるものが見つかるだろうから」

少年が言われたとおりにすると、三日後に帰ってきたときには、祖母の姿は見えず、代わりにその屍体から生え出た椰子類が見つかった。屍体の頭からはアレングの樹が、性器からはココ椰子の樹が、胴体からはサゴの樹が生え、その根方には農具があった。

ハイヌウェレ型神話の世界観

右に紹介した二篇の説話は、一九三七年から三八年にかけてウェマーレ族の間で現地調査を行なった、ドイツの民族学者アドルフ・イエンゼン（一八九九〜一九六五）によって記録されたものである。イエンゼンは、彼が最初の神話の女主人公の名を取って「ハイヌウェレ型神話」と呼ぶ、このタイプの神話を、熱帯地方で芋類と果樹の類を栽培する、きわめて原始的な形態の農業を行なう諸民族の文化と関連させながらくわしく分析した。そしてこの型の神話が、イエンゼンが「古栽培民」と呼んでいるこれらの民族に固有の世界観を反映しており、本来この「古栽培民文化」の中で生み出されたものであるという説を、強い説得力をもって主張したのである。

このイエンゼンの説には、難点がないわけではない。イエンゼンのいわゆるハイヌウェレ型神話は、日本のオオゲツヒメ神話に見られるように、穀類起源神話という形をとって、部分的にはより進んだ形態の農耕を行なう文化にも伝播している。南洋においてもこのタイプの神話は、稲作を行なう民族のあいだで、しばしば稲の起源を説明する神話となって見出されるのである。またイエンゼンのいわゆる古栽培民は、世界の熱帯地方に広く存在しているが、それに反してハイヌウェレ型神話が典型的な形で見出される熱帯の地域は、前述したようにかなり局限されている。

南ローデシアの岩壁画
生贄にされた王女の屍体が根の間に埋められ，その木が天まで伸び，雨を降らせて国を救ったという神話を描いている。

しかしながらイエンゼンは、現在、ハイヌウェレ型神話が完全な形で見出されぬアフリカなどの古栽培民文化にも、かつてはそれが存在した形跡が、現存する神話や儀礼の中に、かなり明瞭に認められると主張している（前ページ図版参照）。

残念ながらここで、イエンゼンの有名な学説の全貌を紹介する余裕はない。しかしながらハイヌウェレ型神話は、たしかに彼が言うように、いわゆる古栽培民の文化の中において、特に文化を構成する他の要素と有機的に結びついた形で伝承されているようである。ここではただ、古栽培民のあいだに、ハイヌウェレ型神話を表現したものと明瞭に認められる、血なまぐさい儀式が存在することに注意しておこう。

マヨ祭儀

この型の儀礼の典型的な例の一つは、ニューギニアの西南海岸に住むマリンド・アニム族の間で行なわれる、マヨと呼ばれる儀礼に見ることができる。

この儀礼は、少年少女に対して施行される、成年式としての意味を持つ。この儀式に与《あずか》る若者たちは満月の夜に集められ、部落から切り離されて、以後五ヵ月のあいだ叢林《そうりん》の中で過ごさねばならない。

彼らはこの期間のはじめに、まず精液を混ぜた黒い泥を歯に塗り付けられたうえで、身に帯びたすべての衣服と飾りを取り去り、素裸になって、川の中で沐浴《もくよく》し、身体を白く塗られる。この後で彼らは、椰子の葉を材料にして、頭からすっぽり被れるような衣服を作り、これを身に着ける。

この後若者たちは、叢林中に滞在しているあいだに、仮装して神話に登場するデマと呼ばれる神的存在の役を演じる大人の男たちから、種々の食用植物がこの世に発生したしだいと、その取り扱い方とを、つぎつぎに教えられる。この場合、重要なことは、彼らがこれらの植物について何も知らず、儀式の中で示される神話的モデルを通して、たとえば椰子の樹の登り方や、実の取り方、実に穴をあけるやり方、実の開き方など、実際には彼らにとってわかりきった初歩的な知識を、このときはじめて獲得すると想定されていることである。このような教育が行なわれているあいだ、夜間には、大人たちのあいだでガガと呼ばれる歌に合わせて、乱交の儀式が行なわれるが、成年式を受けつつある若者たちは、これに参加することを許されない。

若者たちがこのようにして、すべての食用植物とその取り扱い方について、必要な知識を授けられると、彼らははじめて叢林の住居を離れることを許される。そして儀礼的狩猟が催された後で、いよいよマヨ祭の頂点をなす、つぎのような凄惨《せいさん》な儀式が行なわれる。

「殺す父」と呼ばれる男が、儀礼の中でだけ使われる特殊な武器を携えて登場し、「マヨ娘」あるいは「マヨ母」と呼ばれる生贄《いけにえ》の少女を殺害する。この少女は殺される前に、そこにいるすべての男たちによって犯されねばならない。彼女の肉は食べられ、骨は一本一本の

デマ神に仮装したマリンド・アニム族

椰子の樹の根もとに分けて埋められ、血は椰子の幹に塗られる。

マリンド・アニム族の神話には、男たちによって集団的に同性愛の対象とされ、身体中に精液を塗り付けられて、首から最初のバナナの樹を生え出させたゲブ（＝月）であるとか、殺害され胴体と首を切り離された後、頭から最初の椰子の木を発生させたヤウイなど、明らかに「ハイヌウェレ的」な存在が登場する。右のマヨ祭で、男たちに犯されたうえで殺され、肉を食われ、骨と血は椰子の生育に役立たせられる少女は、イエンゼンが主張するように明らかに、これらハイヌウェレ型神話の主人公たちの、儀礼における対応物であると認められよう。

言いかえればこの血なまぐさい儀礼はまさしく、原初に起こった「ハイヌウェレ的存在」の殺害を、いま、ここでくり返す意味を持つものと考えられるのである。

自然から文化へ

このマヨ祭儀はその全体においても明らかに、成年式を受ける若者たちを、いったん神話に物語られるデマ神たちの時代に連れ戻したうえで、彼らに現行の文化と世界秩序が成立した過程を追体験させるものである。

すなわち、成年式のはじめにおいて若者たちは、まず文化的環境との接触を断たれたうえに、丸裸にされ、マリンド・アニム族が常食する食用植物については、何の知識も持たぬものとされる。このことによって彼らは、食用植物を持たず衣類その他の文化的手段も知らなかった状態、つまりハイヌウェレ型神話の物語る出来事が起こる以前のデマ神たちの状態にもどされていると見られよう。

つぎにいったん素裸にされた彼らは、椰子の葉で作った衣服で身をすっかり覆うが、イエンゼンによれば、これは原古の時代のデマ神たちが（椰子の花から発生し、「椰子の枝」を意味する名を与えられ、死後は身体から芋類を化生させたウェマーレ神話のハイヌウェレのような)植物とまだ画然とは区別されない存在であったことを表わす。すなわちこの扮装によっても、若者たちは明らかに、「ハイヌウェレ」が殺害される以前の、デマ神たちのありさまを再現していると考えられるのである。

この後で若者たちは、彼らの面前でデマ神に仮装した大人たちによって演じられる神話を通して、食用植物に関する基本的知識を学びながら、自然状態から文化的状態への移行を段階的に遂げるわけだが、この長期にわたる過程のあいだにも、ハイヌウェレ型神話の物語る原古の殺害は、種々の形でくり返し現前化される。その顕著な例としてイエンゼンが特に注意を喚起しているのは、つぎの儀式である。

植物の繊維で作られ、あらかじめ土の中に埋めて置かれた、「祭りの母」と呼ばれる模型の蛇が、掘り出されきめられた場所に運ばれる。そこで人々は寄ってたかってこの蛇を引き裂き切り刻んで、その身体の内部に詰められた砂糖黍《さとうきび》を取り出し、参加者全員がこれを食べる。

これは、イエンゼンによって示唆されているように、生前、身体の中に無尽蔵に食物を持っていた「母」なる存在が殺され、屍体が切り刻まれると、その屍体の破片から最初の砂糖黍が生えでて、人間の食物として栽培されることになったという内容の、ハイヌウェレ型神話を表現した儀式であると見られよう。

マヨ祭儀にはじめて参加するために，椰子の葉で作った衣服をすっぽりと被ったマリンド・アニム族の若者

そしてこの種の儀式の反復をとおして、若者たちが自然状態から文化的状態への移行を遂げ、デマ神から人間になる五ヵ月の過程が完了すると、彼らは、前述した「マヨ娘」の殺害の儀式が執行されるのに先立って、まず狩猟に参加する。すなわち彼らは、一人前の人間になるに当たって、自らの手で殺害を実行することを求められるのである。

このように成年式が完了する直前に、儀礼的狩猟が行なわれねばならぬわけも、イエンゼンによれば、ハイヌウェレ型神話の表現する古栽培民文化に特有の世界観と関連させて見ることによって、きわめてよく理解される。原古の時に、人間が植物と区別のつかぬデマ神であることをやめ、栽培した植物を食べて生活する人間となったのは、デマ神たちによって行なわれた、ハイヌウェレ的存在の殺害の結果であった。それゆえ成年式のはじめに、いったんデマ神の状態に復帰させられた若者たちが、人間になる過程を完了するためには、彼らも殺害をなさねばならないのである。

首狩りや食人の意味

このように現行の文化が殺害によって成立したものであり、人間が殺害によってはじめて人間になったというのが、イエンゼンによれば、古栽培民文化の世界観のいわば基幹をなす観念なのである。イエンゼンが力説するところに従えば、このことをはっきり認識することによって、われわれは、首狩りや食人などわれわれの眼に一見無用の残虐行為であるように見える習慣が、古栽培民文化の特徴をなす理由を理解することができる。すなわち古栽培民が首狩りや食人を行なうのは、けっして、彼らが残忍な野蛮人であってこれらの行為を愛好するためではない。彼らはこれらの行為を、世界の秩序が維持され人間が人間であり続けるために、欠かすことのできない宗教的儀式として行なっているのである。

たしかにわれわれには、少女が集団的凌辱《りょうじょく》を加えられたうえで殺され、食べられてしまうというような儀式を、いかなる理由によっても正当化することはできない。しかし世界秩序を維持し文化的価値を擁護するためと称して戦争をおこし、あらゆる残虐な手段による大量殺人を絶えず繰り返してきた「文明人」に、人間文化を存続するためにぜひとも必要な儀礼として、人身供犠や首狩り、食人等を行なう民族を、そのことだけをとりあげて野蛮人呼ばわりする資格がないことも明らかであろう。

2　ハイヌウェレ神話と縄文農耕

日本の古栽培民文化

このように、本来はおそらく熱帯地方の古栽培民文化に固有のものであったと考えられるハイヌウェレ型神話は、それではいつどのような文化に運ばれて日本に伝来し、記紀のオオゲツヒメ神話を成立させたのであろうか。

この問題を考えるに当たって、われわれがまず注意しておきたいのは、現在南洋における古栽培民文化のもっとも重要な担い手であり、ハイヌウェレ型神話とそれに伴う儀礼を、もっとも特徴的な形で保持しているメラネシア（特にニューギニア）の原住民の文化と、多くの点できわめてよく類似した文化が、縄文時代の中期に日本に渡来した可能性があるという指摘がされていることである。第一章で紹介した、先史時代の日本列島への渡来が、岡正雄氏によって想定されている、五つの「種族文化複合」のうち、「母系的・秘密結社的・芋栽培＝狩猟民文化」と名づけられたものがそれである。この文化の日本への渡来についての岡氏の説を引用してみよう。

縄文式時代中期（黒浜式土器期から諸磯《もろいそ》式期に移るころ）において、新しい文化の渡来があったのではないかと思われるいくつかの徴証がある。それはこのころの縄文式土器に、突然に渦巻文様《うずまきもんよう》が盛行し、土器文様は繁縟《はんじょく》化し、土偶の出現もほぼこの中期であり、石器では乳棒状石斧《にゅうぼうじょうせきふ》（石のおの）や棍棒《こんぼう》用石頭、その他、いくつかの形式の石鍬や、大規模の集落、切妻の長方形家屋などが、このころにみられることである。この新文化要素の量的な、またやや同時期的出現には、新しい強力な文化の渡来を考えざるをえない。

いっぽうこれらの先史学的文化複合体は、ニュー＝ギニアからメラネシアにかけて見いだされ、比較的古層の母権的栽培民文化のそれにいちじるしく類似し、また民族学的に摘出した精神・社会文化の複合体との対応も相当明確である。日本の土偶は祖先像あるいは地母神像ともみられ、これはニュー＝ギニア・メラネシアの祖先木偶と一致し、用具に施された渦巻文装飾および土器面の渦巻文、輪積法による土器・乳棒状石斧・石頭棍棒などすべてその対応が見いだされるのである。日本列島のこの栽培民が、なにを栽培したかはわからないが、あるいはタロ芋《いも》（里芋もその一種）のような芋類を栽培したのかもしれない。したがって少なくとも縄文時代中期ごろ、すでに低栽培文化が存在したと考えなければならないだろう。（『図説日本文化史大系』第一巻、小学館、一九五六、一一三―一一五ページ）

この文化の重要な構成要素であったという「秘密結社」に関しては、岡氏はまた、つぎのような指摘をされている。

男子結社の成員が怪奇な姿に仮面仮装して、神―祖霊―妖怪として村々に出現し、女や子どもを威嚇《いかく》するいわゆる秘密結社は、わが国においては、その民俗化したものとして、東北地方のナマハゲ（生剥、正月十五日夜の民俗行事）や、祭事における仮面仮装人の出現、あるいは秘儀を中心とする祭祀《さいし》結社などに、その残存ないし変貌《へんぼう》・発展形態が見いだされる。沖縄においても、仮面仮装の神―祖先が舟にのって島々を訪れてくるという信仰と行事とがあるが、これは微細の点にいたるま

で、メラネシアやニュー＝ギニアの母権的・栽培民社会の秘密結社と類似するのである。（同書、一一二ページ）

もっとも岡氏自身は、オオゲツヒメ神話がこの「文化複合」によって日本にもたらされたとはみていない。第一章でも触れたとおり、この神話は五種の「種族文化複合」の二番目として想定された、「母系的・陸稲栽培＝狩猟民文化」によって、日本にもたらされたものとされているのである。また大林太良氏によって、オオゲツヒメ神話の起源を、縄文後・晩期に西日本に渡来したと想定される焼畑で雑穀を栽培する、東南アジアの高地帯起源の農耕文化と結びつける有力な新提案（これについては次章でまた触れる）もなされている。

秋田県男鹿のなまはげ

たしかに、記紀に見られるオオゲツヒメ神話においては、殺される神の屍体から化生している栽培植物は、里芋などの芋類ではなく、稲をはじめとする五穀である。したがって、この形のオオゲツヒメ神話に反映している農業が、稲と雑穀を主作物とするものであることにはまったく疑問の余地がない。

しかし、岡氏によって想定されているような、メラネシアの古栽培民文化に近似した芋類を主作物とする栽培文化が、縄文中期に日本で行なわれていたと認められた場合に、このタイプの古栽培民文化に本来固有の要素であったと考えられるハイヌウェレ型神話が、これに随伴した可能性は、全然考えられないものであろうか。

縄文土偶の謎

前述したように岡氏は、縄文中期における新しい文化の渡来を示唆する、この時期に同時的に現われる新文化要素の一つとして、土偶を挙げている。ところで縄文中期以後の土偶の取り扱われ方には、記紀のオオゲツヒメ神話と共通する信仰が、明瞭に反映しているという指摘が、坪井清足《きよたり》氏や藤森栄一など、一部の有力な考古学者たちによってなされているのである。

つまり縄文時代の中期以後に作られるようになる、典型的な大型の土偶には、土中から完全な形で発見されるものがなく、かならず胴体や手足などが、明らかに人為的と思われるしかたで、ばらばらにされ、離れたところから発見される。このような壊された土偶の破片は、住居趾からも出るが、時には焼畑にされるのに適している、住居から離れた山や丘でも発見されている。この出土状況から判断すれば、これらの土偶は、最初完全な形で作られたものを、後にわざわざばらばらに壊して、離れた場所にばらまくか埋めるかした、と結論せざるをえないという。

しかもこれらの土偶は周知のように、そのほとんどが女性をかたどっているうえに、乳房や尻が強調されたり、妊娠の様子があらわされているなど、豊穣母神像として解釈するのがもっとも自然と思われる。したがってこのような母神的神格を表わす像が、右のような取り扱いを受けていたということは、その時代にすでに、オオゲツヒメ神話の原形となった神話が、わが国に存在したことを示唆する。つまり縄文土偶は、殺され、ばらばらにされることによって、身体から作物を生じさせるオオゲツヒメ的女神格をかたどったものであったというのが、この説の要旨なのである。

この説には、現状においてはたしかに重大な難点がある。それは、破壊されたと目される問題の土偶が、住居趾などから大量に発見される縄文中期に、すでにわが国で農耕が行なわれていたかどうかが、確かではないということである。わが国における農耕の起源を、縄文時代にまでさかのぼらせる見解は、こんにちのわが国の学界においては、なお異端的少数意見としか見なされていない。その理由は、なんと言っても、こんにちまで「縄文農耕説」の提唱者たちによって提出された種々の論拠の中に、日本における農耕が弥生時代の水稲耕作とともにはじまったと見なす旧来の定説を、完全に覆すことができるほど決定的なものがないという点にある。

縄文農耕説

今ここで、かりに「縄文農耕説」という呼び名のもとに一括した立場は、大きく二とおりの説に分かれる。その一方はわれわれが当面問題にしている、わが国における農耕の起源を縄文中期にまでさかのぼらせる考え方であり、他方は縄文後・晩期に、西日本で粟や稗《ひえ》、豆類などの雑穀や陸稲などが、焼畑で栽培されていたとする見解である。このうちの後者の立場は、特に佐々木高明氏の好著『稲作以前』（日本放送出版協会、一九七一）の中で、きわめて説得力に富む立論がなされた結果、しだいに支持者の数を増しつつある。これに対して「縄文中期農耕論」に賛成する学者の数は、こんにちでもきわめて少数なのである。

たしかに「縄文中期農耕論」には目下のところ、決定的な証拠に欠ける上に多くの問題点があり、論証がなされたというにはほど遠いと言わねばならない。しかしながらこの問題は、現状ではなお未解決と見るべきなのであって、われわれは性急に否定的結論を出すことも差し控えるべきであろう。もしかりに、縄文中期にわが国ですでに、原始的形態の農耕が行なわれていたとした場合に、その内容としては、藤森栄一や澄田正一氏のように、すでに穀物の栽培を考えられる論者もあるが、わたしには岡氏によって前述した「芋栽培＝狩猟民文化」の要素として想定されているような、里芋などの芋類の栽培を考えるほうが、より現実的であるように感じられる。縄文中期に東南アジア、中国南部方面から芋類を主作物とする農耕が日本に伝来したことを、考古学的に裏づける試みは、江坂輝彌氏によってもなされている（『日本文化の起源――農耕はいつ発生したか』講談社現代新書、一九六七）。

特に、第一章で紹介した岡氏の説の中でも言及されていたように、正月など祭事のおりの食物や供物として里芋を特別重要視する習慣が、西日本一帯から関東地方にかけての農村地帯に根強く残存している事実は、日本の民俗文化中に、里芋を主作物とした原始的農耕が行なわれた時代の名残りが保たれている事例とも考えられて興味深い。

ハイヌウェレ型神話の反映

これまで述べてきたように、縄文時代の中期にすでに、農耕が日本列島で行なわれていたか否かという問題は、現状では未解決である。しかしながら、もしも縄文中期

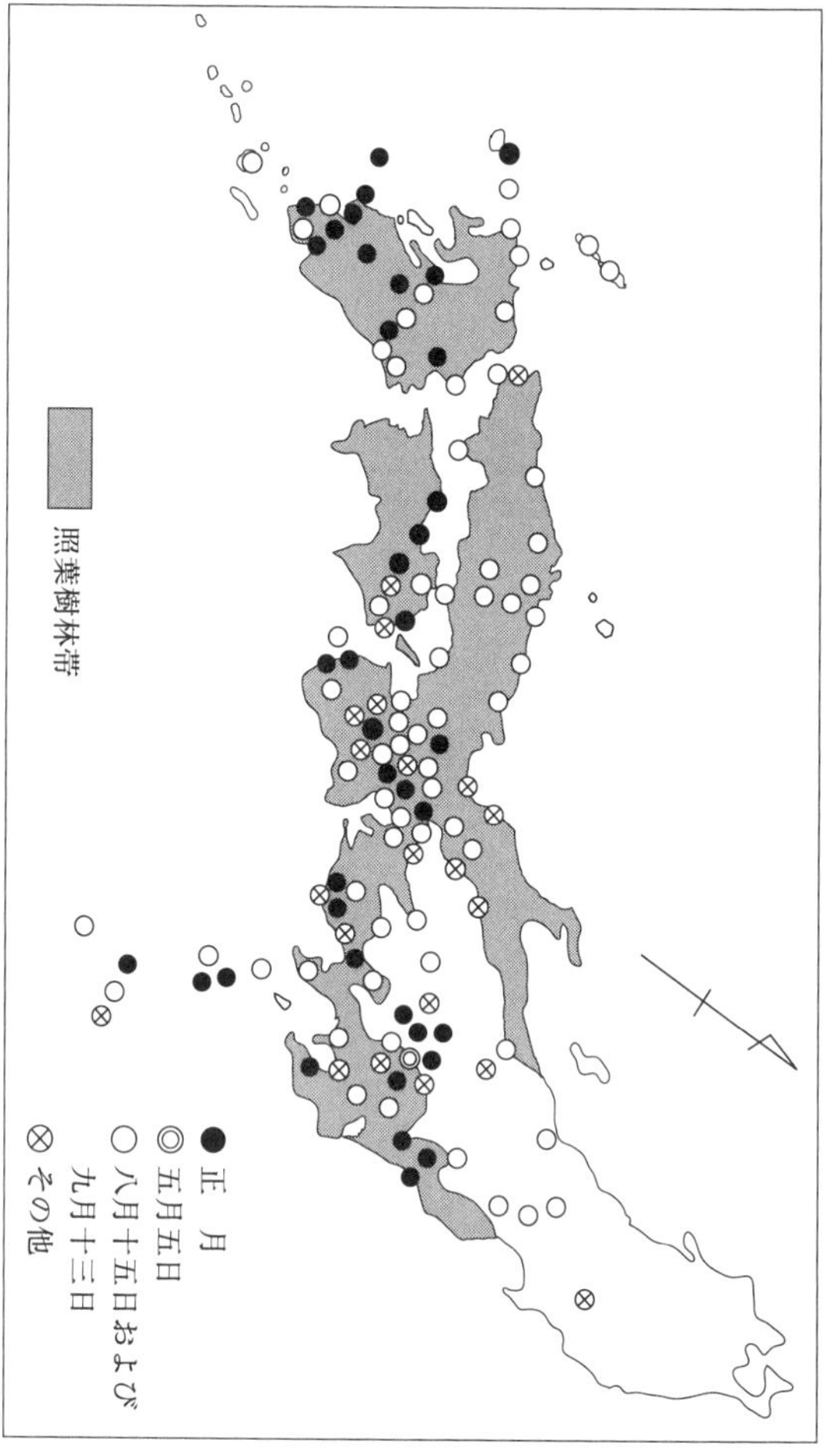

里芋を儀礼食物とする地域（本間トシ・佐々木高明氏による）

農耕の可能性が、認められるとするならば、われわれには、前述したような縄文土偶の奇妙な取り扱われ方が、現在南洋の古栽培民のあいだでみられるものにきわめて近い、ハイヌウェレ型神話を反映した儀礼である可能性は、すこぶる濃厚であると思われる。縄文土偶は、ある期間住居の中などで丁重な取り扱いを受けた後、わざわざこわされ、手足をバラバラにされて、村のまわりのあちらこちらにまかれたらしいとのことであるが、多くの南洋神話におけるハイヌウェレ的存在も、殺害された後、屍体を切り刻まれ、または頭と胴体、手足などを分断されている。また、この型の神話を反映すると考えられる、古栽培民の儀礼の中で殺される生贄《いけにえ》の身体は、通常切り刻まれて各戸に分け与えられ、畑に埋められたり、ばらまかれたりするのである。

たとえば、ニューギニアの東南部のフライ河の河口に住む、キワイ族の神話に現われるハイヌウェレ的存在の一つである、マルノゲレの身体は、死後切り刻まれてデマ神たちのあいだで分配されたと物語られており、キワイの各家族は、こんにちでもこのマルノゲレの肉片といわれるものを、たいせつに保存している。このキワイ族のあいだで、少年少女の成年式として行なわれる、モグルと呼ばれる儀礼は、多くの点で前述したマリンド・アニム族のマヨ祭と類似しているが、この祭りの最終段階においては、神話のマルノゲレを表わすと見られる一頭の野猪《のぶた》が生贄にされる。この野猪の屍体は、成年式の締めくくりの儀式に使われた後で、料理されるが、その肉を食う資格があるのは老人たちだけである。残った肉や骨は、各家族に分け与えられ、前述した各戸に保存されている、マルノゲレの肉片といわれるものの、微小な部分と混ぜ合わせられて、畑やサゴ椰子の根方などに埋められるのである。

縄文土偶の中にはまた、口から胴または尻の部分まで穴をあけ、中に食物が入るような形に作られたものがある。これを考古学者の水野正好氏などは、土偶に食物を与えて養うためであったと説明している。しかしながら土偶の体内にあけられたこのような穴は、ハイヌウェレ型神話と関連づけてみた場合には、われわれの考えではむしろ、神話の物語るハイヌウェレ的存在の一つの重要な特性を、端的な仕方で表現したものと解釈されるのではなかろうか。ハイヌウェレ型神話の主人公に共通する特徴の一つは、前述したように、生前から体内に食物を持ち、これを分泌物を出すのと同じ仕方で排出することができたということであった。このことは、たとえば前述したマリンド・アニム族の祭儀の中では、儀礼的に殺害され身体を分断される「祭りの母」と呼ばれる蛇の模型が、体内に食物の詰まった形に作られることによって表現されている。

ちなみにこのように、体内に食用作物の源となる食物をもつ存在を殺して、中の食物を取り出して食べ、また作物を発生させるために役立てる、古栽培民文化に特徴的な儀礼の痕跡は、こんにちのわが国の民俗の中にも明瞭に見出されるようである。早川孝太郎氏によって報告された次の事例は、その典型的なものといえよう。

天竜川奥地一帯の狩祭りシシ祭りは、一方種取り又はオビシヤ等の称もあって、その内容は農耕に深い関係がある事が考えられる。その次第は先ず鹿の模型を作り、その腹部に握飯や餅を納めて置くが、之をサゴと称した事も深い意味があった。その鹿を氏子一同環視の中で神主が射て取る。かくして腹部のサゴを取出し、之を別に用意した飯や餅に混ぜて氏子に頒つ一方に穀物の種子と山の土(多くは境内)を添え、五穀の種子と称して同じく氏子に分配する。(横田健一『日本古代の精神』講談社現代新書、一九六九、二四ページから引用)

中期以後の縄文文化における土偶の独特な形状や取り扱われ方は、このように種々の点で、「古栽培民文化」の神話と儀礼に現われるハイヌウェレ的存在を連想させる。われわれはこれを、岡氏によって指摘された縄文中期文化とメラネシア文化のあいだに見出される顕著な類似点のリストに加え、縄文中期にわが国で芋類を主作物とする農耕が行なわれた可能性を示唆する、きわめて有力な徴憑《ちょうひょう》の一つと見なしてもよいのではないだろうか。

第四章　東南アジアとの比較

1　海幸彦・山幸彦神話と江南中国

ルートとしての東南アジア

これまで二つの章にわたってみてきたように、日本神話の中には、たしかに南洋の島々の住民の神話といちじるしく類似した話が、相当数含まれている。しかしながらそれにもかかわらず、こんにちでは研究者のあいだで、これらの類似を南洋からの影響が日本に及んだ結果として説明しようとする者の数は、少なくなってきている。南洋に代わって、日本神話の主な起源の地と目され、専門家によって近年特に重要視される傾向にあるのは、中国の江南地方からインドシナを経て、インドのアッサム地方にいたるアジア大陸東南部の地域である。南洋と日本の神話のあいだの類似も、最近ではこの地域、特に中国の江南地方に発生した神話の影響が、一方で日本に及ぶとともに、他方ではインドネシアを経由して、ミクロネシアやポリネシアの島々にまで波及した結果として説明される傾向にある。

日本の先史文化はたしかに、この東南アジア地域からの影響に、きわめて多くの要素を負っていると考えられる。何よりもまず、日本神話と明らかに切り離せぬ関係にあると思われる水稲《すいとう》耕作が、弥生時代のはじめに、中国の江南地方から日本に伝わったものであることは、こんにちではほとんど確実と考えられている。また前章で述べたように、縄文時代の日本にすでに、稲作以前の農耕文化が存在したと考える論者たちの多くも、その文化の起源をこの地域に想定しているのである。

他方、南洋の島々の原住民の文化に、東南アジア起源の要素が多く含まれているということも、こんにちでは専門家の共通の認識になっている。

日本と南洋に共通して見出される神話の原郷を、東南アジア、特に中国の江南地方と考える立場は、このように堅実な学問的前提を出発点としている。しかしながら、こんにちまでのところ、この立場に立って研究を進めつつある人々は、まだ前の二つの章で見てきたような日本と南洋によく似た形で見出される諸神話のすべてについて、その原形がこの地域で発生したものであることを証明するのに成功してはいない。

具体的に言えば、海底に釣針を探しに行く話や、島釣り神話、国生み神話などとはっきり対応する説話は、われわれがこんにち知ることのできる東南アジア地域の伝承からは、今までのところ発見されていないのである。

このことはしかし、日本神話の原郷として江南中国を重要視しようとする立場にとって、かならずしも致命的な難点とはならない。なぜなら、日本の先史時代と対応する時期に、江南地方に居住していたと考えられる諸民族の神話について、われわれが所有している知識はきわめて乏しいからである。このような資料的制約を考慮に入れるならば、東南アジア地域の伝承と日本神話の比較から、こんにちまでに専門家たちによって引き出されている成果は、むしろ目ざましいというべきであろう。

竜女との結婚

今言ったように、失われた釣針を探しに海底へ行くという内容の話は、こんにちまでのところ、ここで問題にされている東南アジアの地域からは発見されていない。しかしながら、大林太良氏は『捜神記《そうしんき》』の巻四に見える江西省《こうせいしょう》の宮亭湖の廟《びょう》においた小刀あるいは簪《かんざし》が、後に舟の中に飛び込んだ魚の腹の中から発見されたという話や、またいかりをなくした漁夫が湖底におり、女が枕にして寝ていたそのいかりを取り返して帰還したという、鄱陽《はよう》湖の伝説などに、その痕跡が認められるかもしれぬと指摘されている。また、日本神話における山幸彦《やまさちひこ》とトヨタマヒメ（豊玉姫）の結婚を思わせるような竜女との結婚をテーマとする話は、揚子江下流以南の地方から数多く報告されているが、大林氏はその中に、夫のところからの妻の逃亡や、兄弟の争い、竜宮からの土産《みやげ》の珠《たま》など、日本の海幸彦・山幸彦神話と他の点でも類似した話根を含むものがあることに注意しておられる。

揚子江流域にはまた、山幸彦とトヨタマヒメの離別と対応するような、人間の妻となっていた水界の女が、ある時その本体を見られたために夫や子と別れ、またもとの世界に戻って行ってしまったという話も、古くから存在したことが知られている。『捜神記』巻十四のつぎの話は、その典型的なものの一つである。

漢の霊帝のとき、江夏の黄という人の母親がたらいの中で行水していたが、いつまでたっても立ち上がらないと思っているうちに、海亀に変わってしまった。女中が肝《きも》をつぶして知らせに走ったが、家人がかけつけたときには、海亀は川の深い淵に戻ってしまっていた。

竜女との結婚の話は、インドシナにも、王朝の起源を物語る説話の形をとって数多く見出される。しかもその中には、北部ミャンマーのシャン人の国家の一つの始祖伝説のように、竜女と結婚した夫が、妻のいましめを無視し、その本体を見たことが夫婦別れの原因となるという、エピソードを含むものも見出されるのである。

この説話の主人公は、水中にある竜神（ナーガ）の国の王女と結婚し、その宮殿で何ヵ月か夢のように幸福な日々を過ごす。その間竜王は、娘婿を驚かせないために、臣下の竜神たちに、常に人間の姿でいるよう命じていた。ところがそのうちに、年に一度の水祭りの時がやってきた。この祭りのあいだだけは、竜神たちは、どうしても竜蛇《りゅうだ》の形に戻らないわけにいかなかった。そこで竜王の娘は、夫に祭りが終わるまでけっして宮殿の外に出ないでほしいと言いおいて、自分も本体に返り、祭りの歓楽の仲間入りをしに行った。

ところが主人公は、好奇心をおさえることができなくなり、妻の言葉にそむいて王宮の屋根の上に出てみた。すると建物のまわりでは無数の巨大な竜たちが、身をくねらせていた。このありさまを見て、主人公は竜神の国にいることにすっかりいや気がさしてしまった。そしてその日の夕方、妻がまた人間の姿に戻って彼の側に帰ってくると、人間の世界に帰り年老いた両親と暮らしたいと言った。竜王の娘は、夫の願いをもっともなことと思い、彼を地上に連れ戻してやった。そして一つの卵を生み、これから生まれる子供を大切に育てるように夫に言いおいて、また水の世界に帰っていった。

竜女の卵から生まれた息子は、成長の後、母の助けによりシナの皇帝の娘と結婚して、この国の最初の王になった。

ロチゼン王子の話

またつぎのカンボジア伝説は、水中に下るとか、水界の女性と結婚するというモチーフを含んではいないが、日本の山幸彦の話と、他のいくつかの点できわめてよく似ているといえよう。

人の世の幸福を求めて旅をしていたロチゼン王子が、あるとき美しい流れの岸辺で、喉《のど》の渇きを感じ、水をすくって飲むため蓮の葉を探していると、そこに壺を抱えた女奴隷が、この国の王女である美しいケオ・ファ姫の身体を洗うための水を汲みにやってきた。彼女は、ロチゼンの求めに応じて、持っていた壺から彼に水を飲ませてやった。

王宮に戻った女奴隷が、ケオ・ファ姫の頭から汲んできた水を注ぎながら、岸辺であったことの一部始終を話していると、姫はふと自分の髪に当たるものがあるのを感じた。手に取ってみると、それは指環だった。姫はその指環を自分の手許にしまっておき、女奴隷にまたさっきの岸辺まで様子を見に行かせた。するとロチゼンは、母から贈られた大切な指環をなくしたことに気づき、泣きながら一生懸命あたりを探しまわっているところだった。帰ってきた女奴隷からこの報告を受けた姫は、彼女をふたたびロチゼンのところにつかわし、彼に、「あなたの指環は、この国の王女ケオ・ファ姫と結婚されれば、きっとあなたの手に戻るでしょう」と言わせた。

ロチゼンはさっそく王宮に行って、王にケオ・ファ姫との結婚の申し込みをした。王は一眼見てロチゼンに好意を持ったが、娘との結婚を許す前に、いくつかの試練を課して、彼の能力を試してみることにした。最初の試練は、庭や畑や森にばらまかれた大籠にいっぱいの米粒を、翌朝までに一粒残さず拾い集めよということだったが、ロチゼンは鳥たちに助けられて、この難題を果たした。

すると王はつぎに、大籠にいっぱいの米を河の中にあけさせ、翌日までにそれをすっかり集めよと命令した。ロチゼンは今度は、魚たちに米を集めてもらったが、数えてみるとどうしても一粒だけ足りなかった。そこで彼はもう一度魚たちを呼び集めて、だれか米粒を呑んだものはないかと質問すると、一尾の魚が、「実は一粒ぐらい足りなくなっても、まさか知れはすまいと思って、わたしが呑んだのです」と申し出た。

王がロチゼンに課した最後の難問は、広間の仕切りにあけられた穴から突き出されている王族や大官の娘たちのたくさんの指の中から、正しくケオ・ファ姫の指を選んでみせよというのであった。ロチゼンが、爪の間に粟粒《あわつぶ》の入った美しい指を選ぶと、たちまち仕切りが取り払われ、美しいケオ・ファ姫が、指にロチゼンがなくした指環をつけ、彼の前に現われた。人々は歓呼の声をあげ、ただちに結婚式が行なわれた。

この話は、大林太良氏が言われるとおり、いくつかの点で日本の神話とひじょうによく似ている。まずロチゼンは、山幸彦と同様に、水のほとりにいたとき、姫のために水汲みにきた婢女《はしため》と出会い、彼女が持っていた器から水を飲ませてもらっている。そしてこのとき、山幸彦が首飾りの珠を器に入れたように、ロチゼンも壺の中に指環を落とし、このことがきっかけとなって宮殿にゆき、姫と結婚している。このロチゼンが貴重な指環をなくし、それを取り戻すために、ケオ・ファ姫の住む宮殿におもむき彼女と結婚するという話は、他面においてはまた、日本神話における失われた釣針のモチーフを思わせる点もある。さらに魚を呼び集めて、だれか探している物を呑んだものがないか尋ねるというのも、日本神話で海神が大小の魚たちを招集して、山幸彦がなくした釣針を取ったものがないか、問いただしたというエピソードに似ている。

このように、中国の江南地方とインドシナには、紛失した借りものの釣針を探しに、海底に行くという内容の話は、これまでのところ見出されていないが、他の点では海幸彦・山幸彦の神話に類似した話が多く見られる。問題の日本神話を構成するモチーフの多くは、この地域に分布していると認められるのである。

山と海の対立

日本の海幸彦・山幸彦の話が、ここで問題としている東南アジアの地域と起源的に結びつくものであるらしいという指摘は、また別の観点からもなされている。

日本の海幸彦・山幸彦神話には、第二章にあげた南洋の類話には見られぬ、壮大な規模の宇宙論的観念が反映している。それは海と山を、対立する宇宙の二大原理と見なし、この二原理の争いによって、高潮あるいは洪水が引き起こされるという、二元論的観想である。ところが、このように海と山の二大原理の対立によって、高潮や洪水が起こるという観念は、中国の江南地方からアッサムにかけて分布するものなので
ある。

海と陸とを、宿命的に対立抗争する二領域と見なす観念が、ヴェトナム人の表象界に根強いものであることを示すエピソードとして、こんな実話も紹介されている。「ある時、フランス人たちが狩の獲物の象の脚を、加工させて花瓶にするため、ジャ

ンクでサイゴンに運ぼうとした。しかし現地人の中には、だれ一人としてこの役を引き受けようというものがなかった。その理由は彼らが、象は陸の支配者であり、海の支配者は鯨であるので、もし象の脚を海上に運べば、自分の領域を象に侵犯されたことを鯨が怒り、舟を沈めてしまうであろうと信じて疑わなかったためである」

この海と山の対立の観念は、『大越《だいえつ》史記全書』の外記に見えるつぎのヴェトナム神話では、はっきり洪水の原因であると見なされている。

文郎《ぶんろう》国の雄王に、媚娘《びじょう》という美しい王女があった。山の精と水の精が、彼女との結婚を希望したが、山の精の方が先に申し込みに来たので、王は娘を山の精に与えた。これを知った水の精は激怒して洪水を起こし、水族を率いて迫ったが、山の精はこれを撃退した。この時から、山の精と水の精とは互いに敵視しあうようになり、毎年洪水を起こして相攻めるのである。

これとよく似た話はまた、西アッサムのガロ族のところにもある。

むかし、トウラ山の娘のシメラと、ブラフマプトラ河の息子のシングラが結婚し、ガロ族の婿入婚の慣習にしたがい、シングラが妻の家にきて住んだ。しかしシメラは料理がへたであったので、シングラには妻の作る食事が喉《のど》を通らなかった。空腹に耐えかねたシングラは、飢餓帯を腹に巻きつけ、母のブラフマプトラ河のもとに帰った。そして母の面前で飢餓帯をほどくと、そのまま空腹と疲労のため絶命してしまった。息子が受けたこの仕打ちに激怒したブラフマプトラ河は、シングラの兄のジャングラ河とともに、七日七夜のあいだ雨を降らせ続け、トウラ山を洪水によって殺そうとした。トウラ山は太陽に命ごいをして、ようやくこの災いを免れることができた。

この話では、山と海の対立が、山と河の対立に置きかえられているが、山の支配者と水界の支配者のあいだに、結婚がきっかけとなって争いが生じ、その結果洪水が起こるという点では、前のヴェトナム神話と一致している。

呉＝海と越＝山の争い

ところで、このように山と海の対立により洪水が起こるという考え方は、中国の江南地方にも古くからあったとみられる。この地方には周知のように、春秋時代に呉と越の二大強国があった。前五世紀の初頭、闔廬《こうりよ》と夫差《ふさ》の父子二代の呉王と、越王勾践《こうせん》のあいだで戦われた宿命的対決の物語は、「臥薪嘗胆《がしんしょうたん》」や、「会稽《かいけい》の恥」、あるいは「西施《せいし》のひそみに倣《なら》う」など、われわれにもなじみ深い成句を生み出した幾多の劇的エピソードによって名高い。

ところでこの呉越の抗争は、大林太良氏によれば、海の原理を表わす呉と、山の代表者である越の間の対決と考えられていたらしいのである。揚子江デルタを本拠とし、唐代の詩人衛万《えいまん》に、

君見ずや　呉王の宮閣は江に臨んで起こる　珠簾《たますだれ》を捲かずして　江水を見る

と歌われ、また李紳《りしん》に、

煙水呉都の郭《かく》
閶門《しょうもん》は碧流に架す

と歌われているように、水の都として名高い姑蘇《こそ》に国都を置いた呉は、もとよりすぐれて水と縁の深い典型的な水の国であると見なされていた。これに対して越の本拠

地は、神山として有名な会稽山を有する地域である。

越の王家は、夏《か》王朝の始祖禹《う》の後裔《こうえい》と称していたが、この禹は言うまでもなく、父の鯀《こん》と父子二代にわたって、帝堯《ていぎょう》の治世に発生した大洪水を治めるため、尽力したとされている人物である。この洪水は『史記』に、「滔々《とうとう》として山岳を包み 丘陵を越えて 人民を困窮させた」と描写されている。

伝説によれば、堯に治水の役に任ぜられた鯀は、息壌《そくじょう》と呼ばれる自然に増大する土を、天から盗み出し、これで山や堤防を築いて洪水を防ごうとしたために、上帝の怒りをかい、羽山《うざん》で死刑に処された。禹はこの羽山において、父の死の三年後にその屍体より誕生し、舜《しゅん》に用いられて洪水を治め、舜の死後帝位についた。禹の妻は会稽山に近い塗山の娘であり、また禹は、死の直前に諸侯を会稽山に集め、集会を開いた後にこの地で崩御したといわれ、死後この故事にちなみ会稽（集まり相談する）と呼ばれることになったこの山に葬られたと信じられていた。

このように越の王家は、山中で不思議な仕方で誕生し、山々を脅かした大洪水を治め、山の娘と結婚し、山で死に山中に葬られた遠祖を持ち、会稽山はこの神話的祖先の墳墓の地と考えられていたのである。この会稽山は言うまでもなく、呉越の争いにおいて、象徴的な役割を演じさせられている。呉王夫差が父王の闔廬《こうりょ》の仇を報いるために臥薪して、ついに越王勾践《こうせん》の軍勢を大敗させたとき、勾践は残兵五千人とともに会稽山にたて籠った。そして夫差のところに使者を送り、「自分を大王の臣下とし、妻は大王の妾にしていただきたい」という屈辱的な申し入れをして、ようやく生命を助けられた。この後勾践は、坐臥《ざが》するたびに胆を嘗《な》めては、「会稽の恥を忘れたか」と自分に言い聞かせ、ひたすら国力の増大につとめて、ついに夫差を亡ぼし、会稽の恥を雪《すす》いだといわれている。

後漢の袁康《えんこう》という人によって著わされた『越絶書《えつぜつしょ》』という書物には、この呉越の争いにおいて、後に述べるような重要な役割を演じた呉の謀臣の伍子胥《ごししょ》が、「呉と越はもともと風俗習慣を同じくする隣国だが、越に神山があるため、両国は仲のよい隣人として共存することができないのである」という意味のことを言ったと記されている。大林太良氏はこれを、海の原理を表わす水の国の呉と、神山を有し山の原理を代表する越のあいだの、宿命的対立関係を言い表わした言葉であると見ておられるが、正しい解釈であろう。また大林氏は、越から呉に送られ、夫差をその色香《いろか》に溺れさせて、呉国の滅亡の原因となった美女西施《せいし》が、会稽地方の苧羅《ちょら》の薪《まき》売りの娘であったと言い伝えられていることにも注目され、「呉越の争いにおいて、呉王夫差を色仕掛けで骨抜きにした彼女は、越の出身であり、かついわば《山の女》として山の原理を代表するものであった」と述べておられる。

異常な高潮

ところで、この呉越の抗争の舞台となった江南地方には、一つの異常な自然現象があり、その由来が伝説的に呉越の対立に結びつけられている。それは有名な、銭塘江《せんとうこう》(浙江《せっこう》)河口に起こる潮嘯《ちょうしょう》である。

銭塘江が杭州湾に注ぐ河口は、三角洲をなしており、毎日満潮時に海水がここから河を遡《さかのぼ》って逆流し、流れ下ってくる河水と激しくぶつかり合う。そして潮水は河水の流れに打ち勝ち、水しぶきをあげ、雷のように轟音《ごうおん》をとどろかせながら、高さ三メートルにもおよぶ水壁を作り、一時間二十キロメートルの速力で河を遡り、浙江省北部の桐廬《とうろ》付近にまでいたるのである。

この壮絶な高潮現象が、もっとも激しくなるのは、中秋節《ちゅうしゅう》のころで、この時期には潮嘯を見物するため大勢の人々が各地から集まる。特に中秋から三日後の、旧暦八月十八日は、潮神節と呼ばれて、観潮のにぎわいが最高潮に達する。この日には、また古くから、呉の地方出身の身体に入墨をした水泳の達人たちが、手に持った大旗をぬらさずに、荒波の中を自由自在に泳ぎ跳ねまわりながら、潮の流れとともに河口を上ってみせて、見物人の喝采をはくし、賞を獲得する弄潮《ろうちょう》の催しが行なわれる習わしがあった。

ところで、この銭塘江河口における異常な高潮現象は、潮嘯の光景を歌った詩の中でもしばしば言及され、よく知られている伝説によれば、夫差に向かって越を滅亡させる必要を説いてやまなかったと言われる呉の名臣、伍子胥《ごししょ》の霊によって引き起こされるとされていたのである。

夫差はこの賢臣の言に、耳をかたむけようとしなかったばかりか、結局彼に自害を命じ、その屍体を馬の革袋に入れて、銭塘江に捨てさせた、潮嘯のおりには、越の故地に向かって、戦陣の太鼓の鳴る音のような轟音をあげて押し寄せる潮の流れに乗って、白馬に乗った伍子胥の霊が、波頭のあいだに見え隠れするのが、ときにははっきり認められることもあると言われる。

ところで、呉越の争いにおいて、越の側でいわば伍子胥に対応する役割を演じた人物に、勾践の重臣の文種があるが、伝説の中には、この文種を伍子胥とともに、潮嘯の起源と結びつけたものがある。文種も、最後には勾践に自殺を強要され、その遺体を三峯山の下に葬られた。ところが一年後に伍子胥の霊が海から山を穿《うが》ってきて、彼を連れ去り、ともに海に浮かんだ。そしてこのときから、伍子胥は海から上る潮水を、文種は山から下る河水を支配し、両者の衝突によって河口に潮嘯の現象が起こるようになったという。

二元論的世界観

銭塘江河口に起こる異常な高潮の現象は、このように伝説の中で、水の原理を表わす呉と山の原理を表わす越との、江南の二強国の宿命的抗争の物語と結びつけられ、水の国・呉の重臣で、屍体を水に流された伍子胥の霊が、越の地に対して引き起こすのであるといわれ、またはこの伍子胥と、越の重臣で死後山に葬られた文種が、一方は潮水と化して海から流れ上り、他方は河水となり山から流れ下る衝突によって生じるともいわれている。すなわち、この伝説には明らかに、海と山の二原理の対立により高潮や洪水が発生するという、日本の海幸彦・山幸彦の神話に見られるのと同じ二元論的世界観が反映していると認められる。言いかえれば、この世界観も、前にみた海幸・山幸神話を構成する種々のモチーフと同様、中国の東南部からインドシナを経て、アッサム地方にいたる地域に見出されるものなのである。

大林太良氏はまた、前述した観潮節に行なわれる弄潮の行事において、河口に押し寄せる潮に乗り、これと一体となって軽業《かるわざ》的水泳を演じてみせたのが、呉の地方出身の漁民たちであったことにも注意し、このことの中にも、陸に向かって遡る海水が呉と同一視されていた関係を看取されている。また高潮の中で踊り跳ねるこの漁民たちの演技が、日本神話の中で、海幸彦が溺れそうになったときに行なった種々の仕草に似たものとして説明されている、隼人《はやと》の舞を思わせる点があるとも指摘されている。

　このようにみてくると、たしかに大林太良氏が主張されるように、海幸彦・山幸彦の神話の祖形が、中国の江南地方で発生したものである可能性は、ひじょうに濃厚であるように思われるのである。

2　魚の陸地の固定化と身体障害児の出生

魚が陸地になる

　日本神話の中で、海幸彦・山幸彦の神話とならび、南洋との関係がもっとも深いと見なされてきたのは、第二章で述べたとおり、イザナギ・イザナミの夫婦神を主人公にする部分だが、最近ではこのイザナギ・イザナミ神話についても、その起源を中国の江南地方に求めようとする専門家が多い。たしかに前述したように、日本と南洋に共通するといわれている「島釣り型」や「島生み型」の陸地創造神話と、正確に対応する話は、本章でわれわれが問題としている東南アジアの地域からは発見されていない。しかしながら最近では、日本の陸地起源神話および南洋の「島釣り」の話と、中国神話の関係について、つぎのような重要な事実が指摘されている。

第二章で紹介した、マウイを主人公にするニュージーランド神話では、海中から釣り上げられた陸地は、最初は巨大な生きた魚であったとされていたが、このように島がもと魚であったという話は、ポリネシアの他の島々の伝承中にも見出される。たとえば、ソシエテ諸島には、つぎのような神話がある。

むかし狂暴な大ウナギによって根を絶ち切られた陸地が、魚のように海面を漂った。タアロア神の偉大な職人のツが、この漂游《ひょうゆう》する大魚の始末をつけた。魚の体はタヒチ島になり、その第一の背鰭《せびれ》が、この島でもっとも高いオロヘナ山になった。第二の背鰭はとれて落ち、モオレア島になり、魚の体から落ちたほかの断片が、メヘティアやテティアロアなどの小さい島々となった。

またこの神話の別伝によれば、

タヒチの人々は、彼らが乗っているこの魚の陸地が、どこへ泳いでいくかわからないので不安になり、魚の腱《けん》を断ち切り動かなくすることにした。まず最初に数人の武人たちが、石の手斧《ちょうな》でこの土地をめったぎりにしたが、何の効果もなかった。しかし、しまいに武人タファイが、テ・バ・フル・ヌイ・マ・テ・ヴァイ・タウという石斧《せきふ》を使って、魚の腱を切断することに成功し、またその喉を断ち切ったところが、魚はついに動かなくなった。タファイが魚の頭部と胴体の間に切りつけたために生じたのが、タラヴォアの地峡である。

このように、陸地がもとは海上を漂游する魚であったという発想は、第二章においても触れたように、日本神話にも、オノゴロジマが創造される以前の国土の状態を、「洲壌《くに》の浮き漂へるは、譬《たと》へばなほ游《あそ》ぶ魚の水の上に浮かべるがごとくなりき」といった『日本書紀』本文の表現や、「国稚《わか》く、浮かべる脂《あぶら》の如くして水母《くらげ》なす漂《ただよ》へる時」と形容した『古事記』の描写などの中に認められる。また『出雲国風土記』に物語られた有名な「国引き神話」には、「ヤツカミズオミツノの命が、出雲の国が小さすぎるといって、童女の胸のように広く平らな鉏《すき》を取り、大魚の鰓《えら》を突き別《わ》けるように新羅《しらぎ》の三埼《みさき》を切り離し、三本搓《よ》りの綱をかけて、『国来い、国来い』と呼びながら引いてきてつないだのが、杵築《きづき》の御埼《みさき》であり、命はこのような国引きを何度かくり返し、出雲の国を拡げた」と言われているが、この中に、陸地の獲得を大魚の捕獲になぞらえた、南洋の「島釣り神話」に近い発想が見出されることは、松本信広氏らによって早くから注意されているのである。

浮遊する蓬萊山

ところで伊藤清司氏によれば、このように陸地がもとは海面を浮游する大魚であったと見なす神話の痕跡は、蓬萊島《ほうらい》に関する中国の伝説の中にも認められるという。蓬萊山は周知のように、方丈山および瀛洲《えいしゅう》山とともに三神山と呼ばれ、渤海《ぼっかい》湾のはるか沖に浮かび、人が近づこうとすると、蜃気楼《しんきろう》のように見え隠れして寄せつけぬ仙郷であると信じられていた。秦《しん》の始皇帝が、この伝説に心を動かされ、方士徐市《じょふつ》らを派遣して、この島にあるといわれる不死の神薬を得ようとした話は有名である。そのほか、斉《せい》の威王や宣王、燕《えん》の昭王、および漢の武帝などに関しても、人を派遣し蓬萊の島を探させたということが伝えられている。

『列子』湯問篇には、この蓬萊などの神山について、つぎのような詳しい話が載せられている。

渤海の東は幾億万里あるか知れない。ここに大きな谷があり、その底は無限の深さをもつ。この谷を名づけて帰《き》墟《きよ》といふ。この谷の中へは、八紘《こう》九野の川の流れはもとより、天漢《あまのかわ》の水まで流れ込んでゐるが、その水量は増すこともなければ減ることもない。この谷の中に五つの山がある。一を岱輿《たいよ》、二を員嶠《いんきよう》、三を方壺《ほうこ》、四を瀛洲《えいしゆう》、五を蓬萊といふ。各々の山の高さ及び周囲は三万里あり、頂上の平地は九千里、山と山との間隔は七万里づゝある。山の上には台観があり、金玉で作られてゐる。ここに棲む禽獣は毛並みの白いものばかりである。珠玕《たま》の樹が叢《くさむら》をなして生えて居り、その華《はな》や実は頗《すこぶ》る滋味に富んでゐる。この実を食すると不老不死となるので、この地に住む人間はすべて仙聖の徒ばかりである。従つて、五山の間は互ひに隔つてゐるけれども、人間同志は空を飛んで朝夕に往来することができる。ただ一つ困つたことには、この五山は海に浮いてゐるために、潮波と共に絶えず上下に揺れ、暫らくも静止することがない。これに苦しんだ仙聖たちは天帝の許に訴へて出た。天帝もこのままでは五山が西極の方へ流されることを心配され、禺彊《ぐうきよう》といふ神に命じて十五頭の巨鼇《おおがめ》を集めさせた。さてこの鼇の頭の上へ五山を載せるのであるが、一頭では疲れ果てる恐れがあるので、まづ十五頭を三組に分け、五頭づゝ三交代し、一交代は六万年と定めた。これによつて五山は始めて安定するやうになつた。

　ところがここに竜伯《りゆうはく》といふ国に巨人があり、唯の数歩あるいただけで五山の在る所に来り、六頭の鼇を一度に釣り上げ、それを脊中に負つて国に帰り、その骨を灼《や》いて占ひをした。このために岱輿、員嶠の二山は北極へ流れて沈み、仙聖の漂流した者も無数であつた。

（森三樹三郎『中国古代神話』清水弘文堂書房、一九六九、二二九ページより引用、傍点は吉田）

このように、この話によれば、蓬萊などの神山は、もとは波とともに上下に揺れ動き、瞬時もじっとしていることのない浮き島であったが、巨大な亀の頭に支えられて、はじめて安定したとされている。また海中にいて陸地を支える巨鼇のうちの六頭を、巨人が釣り上げ、五つの島の中の二つを流失させてしまったという話は、「島釣り型神話」の変形したものである可能性もありそうである。

ところで別伝によれば、蓬萊山は亀の首に載せられているのではなく、亀の背に負われているとされており、しかも亀の背の上で静止しているのではなく、たえず揺れ動いていると考えられていたらしい。『楚辞《そじ》』天問篇の第五段には、

鼇《ごう》は山を戴いて抃《べん》す
何を以って　之《これ》を安んずる

とあり、『楚辞章句』十七巻の著者である後漢の王逸《おういつ》は、この句に『列仙伝』を引

き注釈して、「巨霊の鼈あり。背に蓬莱の山を負いて抃舞《べんぶ》（手を拍《う》ちつつ舞うこと）し、滄海《そうかい》の中に戯《たわ》むる。独り何を以って之《これ》（背の上の蓬莱山）を安んずるや」といっている。

伊藤清司氏は、「何を以って之を安んずるや」という屈原の問いかけは、「何ものかの事業なしには、亀の背にのる蓬莱山がつねに浮動していたということを暗示するもので」あろうといわれ、この一句から、はじめ浮漂していた蓬莱山が、「創造神ないし英雄神が何らかの始末をすることによって、はじめて固定し、かくて、この世が開始された」という神話観がうかがわれると主張されている。

「魚の島」型神話

さてこの蓬莱島伝承は、いうまでもなく、神仙思想を強く反映している。亀はもとより長寿のシンボルであるから、不老不死の仙郷が亀の背に負われているというのは、この神仙思想の観点から、まことにふさわしいといわねばならない。いいかえれば、もし神仙思想の潤色を受ける以前の、蓬莱島説話の原形となった「浮き島伝承」が存在したと仮定すれば、この島に結びつけられた水棲動物が、もともとは亀でなくただの魚であった可能性も、当然考えられると思われるのである。

この点に関して、伊藤清司氏はつぎのような興味深い指摘をされている。

一九七二年に、長沙《ちょうさ》の馬王堆《まおうたい》前漢墓より出土し、神話を絵画で表現した資料として注目を浴びた彩色帛画《はくが》には、死者の軑侯《たいこう》夫人自身と思われる人物を中心にした下界の有様が、壺器の形をした枠組の中に描かれている。そしてこの壺の形の世界は、ギリシア神話のアトラスを思わせるような裸体の巨人によって支えられ、この巨人の足下には、二尾の巨大な魚の姿が表わされているのである。

伊藤氏は、商志𩡝《しょうしたん》の説を引用しながら、この壺形の世界が、蓬壺とも呼ばれ、古来壺に似た形をしているといわれる蓬莱島を表現したものである可能性が強いと指摘された。そして帛画の問題の部分の全体は、遥かの海上にあたかも壺のごとく「水面を出没浮游する蓬莱の神仙島と、これに関係深い大魚を描写したものであって、しかも、この大魚はまた、その『浮き島』を背で支えているという伝承をも物語っているのではなかったろうか」と推論されている。

浮き島としての蓬莱島を、このように亀にではなく大魚と結びつけた伝承の痕跡は、伊藤氏によれば、また『史記』に物語られているつぎの話の中にも認められるとのことである。

前述したように、始皇帝は方士の徐市《じょふつ》らに命じ、海上に船を出して、蓬莱から不死の神薬を取ってこさせようとした。徐市は莫大な費用を使いながら、数年たっても神薬が得られなかったので、罰せられるのを恐れ、偽ってつぎのように報告した。

「蓬莱に行けばたしかに神薬を得られるのですが、いつも大鮫《おおざめ》に苦しめられて、そのためどうしても島に行き着くことができません。どうか上手な射手をわれわれに同行させ、大鮫が現われたら連発の強弓《ごうきゅう》で射殺させるようにしていただきとうぞんじます」

そこで、始皇帝は大魚を捕獲するための道具を持たせた上に、自分も連発の強弓を

長沙の馬王堆１号墓より出土した帛画

持って一行に加わり、大魚が出たら射ようとした。之罘《しふ》という所まで行くと大魚が出たので、一魚を射殺したが、その後間もなく始皇帝は病気になり、そのまま旅先で崩じた。

伊藤氏は、海上に出没去来する蓬萊島に到達するため、大魚を捕らえ退治せねばならぬというこの話は、「浮き島」を固定するため魚を傷つけるという南洋の「魚の島」型伝承や、日本の「国引き神話」と、同一の類型に属するといわれる。そしてこの始皇帝の行く手をじゃまする大魚は、古くは浮游する「魚の島」として観念された蓬萊島それ自体の姿であった可能性があると示唆されている。

伊藤氏はさらに、このように原古の陸地を魚または魚に支えられた「浮き島」として観念した「魚の島」型の神話が、西南中国に住む彝《い》族系のアシ人のあいだに伝わる、つぎの創世神話の中にも見出されることに注意しておられる。

天と地が形成されたが、まだ人類は生じていなかった原古のときに、まんまるい大地は三尾の大魚の背の上にのつかり、魚が跳びはねるごとに揺れ動いていた。天上の銀竜神が銀の鎖を投げ下ろして、阿托《あたく》にその魚を縛らせたので、魚はぎっちりと縛りつけられて、跳びはねることができなくなり、大地も動かなくなった。

兄妹婚と身体障害児の出生

イザナギ・イザナミ神話は、「島釣り」や「国生み」など、ポリネシア神話との類似を注意されてきたモチーフとはまた別の点に関して、東南アジア、ことに中国南部に濃密に分布する、独特な形の「人類起源神話」との結びつきを指摘されている。イザナギとイザナミは『古事記』によれば、原古のとき高天原において、オモダルとアヤカシコネという夫婦の神に続いて生成したとされているが、『日本書紀』の本文には、このアヤカシコネにはまたアオカシキネという別名があったと記され、その後に引用されている第一の一書では、イザナギ・イザナミ両神は、アオカシキネの子であるといわれている。すなわち古典神話の中で、二神ははっきり兄妹の関係にあるとされているのである。

この兄妹の神が、原初の海洋のただ中に出現した最初の陸地であるオノゴロ島の上に降り立ち、最初の夫婦の交わりをしたときの様子は、『古事記』によれば、つぎのようであったという。

二神はオノゴロ島に天《あめ》の御柱《みはしら》を立て、八尋殿《やひろどの》を築いた。そのうえで、イザナギがイザナミに、「あなたの身体は、どのようにできていますか」と尋ねると、イザナミは、「わたしの身体には、できあがりきらずまだ合わさっていないところが一ヵ所あります」と答えた。イザナギは、「わたしの身体には、でき過ぎて余ったところが一ヵ所あります。それでは、わたしの身体の余ったところを、あなたの身体の合わさっていないところに差し込みふさいで、国を生むことにしてはどうでしょうか」といい、イザナミも「けっこうです」といってこれに同意した。

そこでイザナギは、「ではわたしとあなたがそれぞれ別の方向からこの天の御柱のまわりをまわり、行きあたったところでまぐわいをしましょう。あなたは右からおまわりなさい。わたしは左からまわりますから」といって、イザナミと約束したうえで、二神は柱のまわりをまわった。そして行きあったところで、イザナミがまず、「あなにやし、えおとこを」といってイザナギをほめ、その後でイザナギが、「あなにやし、えおとめを」といってイザナミをほめた。イザナギは「女の方が先にいったのはよくなかった」といったが、二神はそのまま交合し、ヒルコを生んだ。しかしこの子は、生みそこないの子だったので、葦船《あしぶね》に入れて流してしまった。つぎに淡島《あわしま》を生んだが、これもできそこないで、子の数には入れられなかった。

そこで二神は相談して、天に上り、よくない子が生まれたことについて、天神の意見を聞いた。鹿の肩の骨を焼いて占ってみると、やはり女が先に物をいったのがよくなかったことがわかった。そこで二神は、またオノゴロ島に帰って、さっきと同じように柱をまわり、今度はイザナギがまず、「あなにやし、えおとめを」といい、その後でイザナミが「あなにやし、えおとこを」といって、交合し、淡路島、四国をはじめとする島々をつぎつぎに生んだ。

洪水神話

イザナギ・イザナミ神話のこの部分はこのように、世界が水で覆われているとき、最初に現われた陸地の上で、兄妹が結婚し、最初はできそこないの子を生むが、天神の命にしたがってやり直しをして、はじめて満足な子を生むという内容の話を構成している。これときわめてよく似た話は、松本信広氏らによって指摘されているように、大洪水で人類が死滅した後、生き残った兄妹から現在の人類が発祥したしだいを物語る、洪水神話の形をとって台湾のアミ族のあいだに伝わっている。

すなわち、このアミ族の神話の一つの形では、

大洪水の難を、臼に乗って逃れた兄妹は、クガサンという山に漂着し、住居を定め、結婚したが、最初に生まれた子は蛇で、つぎの子は蛙であった。二人が落胆《らくたん》していると、そこに異様な臭気に不審を抱いた太陽神が、様子を見に子の神を遣わした。兄妹二人は、罰せられるものと思い、逃げようとしたが止められ、出来事の一部始終を話した。御子神《みこがみ》からこのこ

との報告を受けた太陽神は、兄妹の所にあらためて二柱《ふたはしら》の神々を遣わした。彼らは一節《ひとふし》の竹を携えて天降り、地上に着くとこれを二つに割って、中から一頭の豚を取り出した。そしてその肉を三つの部分に分け、一つは神に捧げ、一つは兄妹に与え、一つは彼らが天上に持ち帰ることとし、饗宴《きょうえん》を開いた。そのうえで兄妹があらためて結婚すると、今度は二人の女の子と一人の男の子が生まれた。

といわれ、また別の形では、以下のようになっている。

臼で大洪水を逃れた兄妹から、最初に生まれたのは二個の怪物で、これを水に棄てると一方は横に、他方は真直ぐに泳いで去り、それぞれ蟹と魚の祖先になった。この結果に失望した兄妹が、月にその理由を聞くと、月は「それは兄妹で結婚したためである」と答え、二人に「むしろをあいだに挿《はさ》み、これに穴をあけて交わるがよい」と教えた。兄妹が言われた通りにすると、白い石塊が生まれ、兄の死後、妹がこの石を抱いていると、それから四人の子どもが生まれ出た。

伏羲・女媧神話

このアミ族の伝承と、同工異曲的な内容の洪水伝説は、インドシナや南洋の一部にも分布しているが、特に数多く発見されているのは中国の西南地方の少数民族である、苗《びょう》族や傜《よう》族、彝《い》族などのあいだにおいてであり、多くの場合、伏羲《ふくぎ》と女媧《じょか》がその主人公にされている。しかもこの西南中国の少数民族のあいだに伝承される伏羲・女媧神話は、また別の点でも日本神話と注目すべき類似を示す。

すなわちこれらの神話でも、兄妹の結婚はしばしば、樹木や山など、日本神話の天の御柱を思わせるような、高くそびえ立つ物の周囲をまわりながら行なわれている。またこの結婚から生まれる初産児は、古典の中で「水蛭子《みずひるこ》」（『古事記』）とか、「蛭《ひる》子《こ》」（『日本書紀』）の字が当てられていることや、『日本書紀』の本文および一書の二に、三歳になっても立てなかったといわれていることからみて、明らかに蛭のような形をした存在と見なされていた、日本神話のヒルコと同様、手足や眼鼻口などを持たぬ肉塊または障害児であったとされているのである。

日本のイザナギ・イザナミ神話との類似が特にいちじるしい例として、伊藤清司氏は、いずれも傜族の間で採集されたつぎの二話を紹介している（要約）。

(1)大洪水のため人類が滅亡し、伏羲・女媧の兄妹だけが生き残った。二人は常に天上にのぼって、戯れながら暮らしていたが、やがて長ずるにおよんで、兄は妻が欲しくなり、妹に結婚を迫った。女媧ははじめは伏羲の申し出を固く拒んでいたが、兄があまりしつこく要求するので、ついにやむをえず、

「わたしを追いかけて、もしつかまえられたら、あなたの妻になります」

といって、大きい樹のまわりを駆けめぐった。伏羲は一生懸命女媧の後を追って駆けたが、妹の足が速くてどうしても追いつけなかったので、一計を案じ、逆まわりに駆けてついに彼女を捕まえた。こうして二人は夫婦になったが、まもなく妹が生んだ子は、一塊の肉の球であった。
(2)大洪水から生き残った伏羲と女媧の兄妹には、二人が夫婦になる以外に、子孫を儲ける方法はなかった。兄に求婚された女媧は、はじめは返事をためらっていたが、やがて、「わたしが先に駆けるから、あとから追って駆けて下さい。もしあなたが追いついたら結婚しましょう」と答え、大きな山の周囲を駆けまわりはじめた。伏羲は懸命に後を追ったが、妹の足が速く、七周しても追いつけなかった。しかしそのとき、一匹の亀が伏羲に、向きをかえてまわれば、すぐに女媧を捕まえられると教えたので、伏羲はいわれたとおりにして、女媧と鉢あわせした。
女媧は亀の口出しを怒って、これだけでは夫婦になることはできぬといい、もう一

度別の方法で結婚の可否を占おうと提案した。そして二人は、ひき臼の上下の石をそれぞれ山の頂上からころがし、うまく重なったら夫婦になることにきめ、兄妹で石臼を背負って向かいあった山に登り、ころがし落とすとピッタリと重なり合った。そこで二人は約束どおり結婚したが、はじめに生まれた子は一つの肉塊であった。しかし伏義が腹を立て、これを切り刻むと、その肉片から人間たちが化生した。

この二番目の神話に関しては、伊藤氏は、兄妹が物の周囲をまわった上に、結婚の可否を知るため占いをしている点が、日本神話でイザナギ・イザナミが天の御柱のまわりをめぐった後、結婚の失敗の理由を尋ねるため、天に上り占いをしたといわれているのと、類似していると言われる。そしてこのような「神占い」のモチーフを含む同類型の話は、彝族の神話にもみられると指摘されている。

3　穀物の起源と日食

焼畑農耕の反映

第三章で述べたとおり、『古事記』ではオオゲツヒメ、『日本書紀』ではウケモチを主人公にして物語られている、五穀の発生と農業の起源を説明する神話は、明らかに、イエンゼンによって「ハイヌウェレ型」と命名されている神話類型に属する。そしてこの型の神話は、日本の周辺では南洋に濃密に分布し、中国の江南地方からインドシナ、アッサムにかけての東南アジアの地域からは、典型的な例話はほとんど発見されていないのである。しかしながら、大林太良氏は、この神話が直接には中国南部から、焼畑で雑穀を耕作する農耕文化にともなって、縄文時代の末ごろ日本に渡来したとする説を、きわめて説得的な仕方で主張している。

オオゲツヒメ神話は、たしかに焼畑と関係深い神話であることが明らかと思われる。第三章でも述べたように、『日本書紀』の書の二にみえる、ワクムスビの頭に蚕と桑の木が生じ、臍《へそ》の中に五穀が発生したという話は、この神話の簡略化された異伝と考えられるが、ここではこのワクムスビは、火の神カグツチと、土の女神ハニヤマヒメのあいだの子であるとされている。火と土の結婚から、農作物を生じさせる神が生まれるというこの話に、焼畑農耕が反映されていることは、ほとんど自明であると言っても過言ではあるまい。

オオゲツヒメ自身も、『古事記』の神生みの段の末尾に物語られているところによれば、イザナミからカグツチが生まれる直前に誕生したとされている。すなわち、この女神が生まれるとすぐ、その母は火の神を生むことによって身体を焼かれ、死んでいるのである。このとき瀕死のイザナミが苦しまぎれに出した吐瀉物《としゃぶつ》や大小便からは、土の神、水の神、穀物の神（ワクムスビ）など、農業と関係する神々が発生したとされているが、『古事記』のこの箇所が全体的に焼畑を反映した話をなしていることも、武田祐吉らにより早くから認められているとおり明らかであろう。

またオオゲツヒメ神話によって、起源を物語られている農作物は、五穀すなわち稲と粟《あわ》などの雑穀とであるが、実はオオゲツヒメという神格が、稲よりはむしろ粟によって代表される雑穀と本来的に関係する存在であるらしいことは、一部の研究者のあいだで早くから注意されてきたのである。すなわち、『古事記』の国生みの段には、四国の誕生のことがつぎのように記されている。

次に伊予《いよ》の二名《ふたな》の島を生みたまひき。この島は身一つにして面《おも》四つあり。面ごとに名あり。かれ伊予の国を愛比売《えひめ》といひ、讃岐《さぬき》の国を飯依比古《いひよりひこ》といひ、粟《あは》の国を大宜都比売《おほげつひめ》といひ、土左の国を建依別《たけよりわけ》といふ。

このように、ここでは四国の国名の阿波に対して粟の字が当てられ、その別名がオオゲツヒメであるといわれている。これによってみれば、オオゲツヒメはもともとは、穀類の中でも特に粟と関係深い神格と見なされていたことが、明らかであると思われるのである。

日本のオオゲツヒメ神話に反映している農業の形態は、このように、水稲耕作よりは焼畑における雑穀栽培であるらしく思われる。そしてこの型の農耕は、前にも触れたように、最近、佐々木高明氏らによって主張されている有力な説によれば、日本には縄文時代の末期に、中国の江南地方から伝わった可能性が強いと考えられるのである。

ハイヌウェレ型の変形

しかしオオゲツヒメ神話を、この型の農耕文化とともに、江南中国から渡来したものと見なすためには、ひとつ大きな障害がある。それははじめに述べたように、これまでこの地域には典型的なハイヌウェレ型神話が存在しないと考えられてきたことである。しかしながら大林太良氏は、『稲作の神話』(弘文堂、一九七三)の中で諸種の資料を駆使して、中国の南部からインドシナ、アッサムにかけての地域に、かつて穀類の起源を説明するハイヌウェレ型神話が行なわれた痕跡が見出されることを示した。

大林氏によれば、ハイヌウェレ型神話が変化したものとみられる話の例として、まず広東省の傜族《ようぞく》と漢民族の間で採集されている、つぎの伝説をあげることができる。

広東省北部の傜族が語り伝えるところによれば、昔には稲に花は咲いたが、実はならなかった。一人の高貴な女性が、彼女の処女の乳をしぼり、稲の花にふりかけると、はじめてみごとな稲穂が実った。彼女はそこですべての稲に実をならせようとして、無理に乳をしぼり続けると、しまいに乳の代わりに血が出た。この血をかけられた稲は、赤っぽい実を結ぶ赤米となった。

大林氏はこの話において、処女が身体から出した乳および血が米になったとされているのは、ハイヌウェレ型神話の主人公が、一般に生きているあいだ、身体から食物を排泄《はいせつ》する存在であるのと呼応すると指摘している。また傜族によって、白米より価値が高いと考えられている赤米は、山地の焼畑で作られるとのことである。いいかえれば、この話は傜族により焼畑で耕作される作物（陸稲、サツマイモ、トウモロコシ、シコクビエ、粟、高粱《コーリヤン》、タロ芋など）の中でも、もっとも上等と考えられている種類の起源伝承を構成しているのである。大林氏はまた、福建省とその附近にさまざまな形を取って分布している水仙の起源伝説も、ハイヌウェレ型の穀類起源神話が変

形したものとして解釈できると主張している。この話の一つの形によれば、

昔、福建省の漳州《しょう》竜渓《りゅうけい》県に、一人の美しい娘がいたが、父親によって性質《たち》の悪い金持ちの男との結婚を強制させられたために、結婚式の朝、自分で自分の首を刎《は》ねて死んでしまった。彼女の死骸をうしろの山に埋葬すると、清明節のころ、墓石のあいだから緑の芽が生え、やがて生長して美しい清楚な花を咲かせた。人々はこれをみて、自殺した娘が仙人になり、その霊魂がこの草花になったのだといって、この花を水仙と呼んだ。

また別の類話によれば、

昔、梅渓村に、息子一人のほかに身よりのない貧乏な寡婦がいた。あるとき、おそくなっても息子が戻ってこなかったので、彼女は家にあったほんの一膳にも足りぬわずかの御飯に手をつけず大切に残して、門口《かどぐち》で息子の帰りを待ちわびていた。

するると、そこに一人の乞食がきて、彼女に食物の施しを求めた。寡婦は、とっておきの飯を彼に与えたが、乞食は彼女が涙を流しているのをみて、その理由を尋ね、事情を知った。すると乞食は、今食べた飯を寡婦のわずかばかりの田にすっかり吐き散らし、それから池に

身を投げた。翌朝、乞食が吐いた飯粒は、一つ残らず花の種子となり、何十日かたつと水仙の花が咲いた。

この話の第一の例では、たしかに大林氏がいわれるとおり、ハイヌウェレ型神話に特徴的なモチーフである屍体からの植物の化生が物語られている。娘の屍体が、頭と胴を切り離されて埋められているという点にも、ハイヌウェレ型神話の痕跡が認められるかもしれない。第二の例話については、大林氏は特に、これが口から食物を吐き出して恩恵を施す「嘔吐」のモチーフを含むことに注意され、日本神話で口から食物を吐き出しツキヨミを饗応しようとした、ウケモチの振舞いとの類似を指摘されている。

しかも、この福建の水仙伝説は、つぎのような理由によって、元来は水仙の起源ではなく、稲の起源を説明する話であった可能性が濃厚であるという。すなわち第二話の主人公の乞食は、彼が事情を知らず最後の飯を食べてしまった、貧乏で食物のない寡婦のために、わざわざ彼女の田に米の飯を吐き出しているのである。この場合にそれから生じたのが美しい草花であるのは、いかにも不自然である。むしろそれは元来は稲（あるいは特別な稲の品種）であったと考えたほうが、ずっと自然であろう。そしてこの話が水仙の起源伝説に変化したのは、この地方で「乞食仙」と呼ばれている乞食が、水に入った結果生じたので、「水仙」であるという語呂あわせによってであろうというのである。

オオゲツヒメ神話の祖型

大林氏はまた、中国南部（広東、広西、雲南、福建）からヴェトナムにかけて、つぎのような筋を持つ檳榔樹《びんろうじゅ》や阿片などの起源を女性の死体からの化生によって説明する伝説が分布していることにも注意されている。

(1) 一人の女が死ぬ。
(2) 彼女の墓から藪林が生え出る。
(3) 彼女の夫がこの植物を利用し、陶酔を味わっていると、亡妻の幻影が見られる。

この他、中国の西南端のラオス国境に近い地域に住むラフ族の神話には、天地を分離させ、また、天神に対抗して人類に種々の恩恵を施したギリシア神話のプロメテウスを思わせるような、巨人チャヌチャベが登場するが、このチャヌチャベがついに天神にはかられて殺されたとき、「天神はチャヌチャベの肉をそぎ落とし、こま切れに切り刻んで、あちこちに一切れずつ埋めた。それから骨は石臼ですり潰し粉にして、大砲につめて打ち上げ、四方八方に散乱させた。最初に発射された骨の粉は、高い山に落ちてイラ草を生じさせた。二発目は平原に落ちて、木と竹の林になり、三発目は空中で羽蟻《はあり》の群に変じた」と物語られている。

つまりこの巨人は、ハイヌウェレ型神話の主人公と同様に、死後その死体を切り刻まれている上に、その骨からは、栽培植物ではないが、主として植物の類を発生させているのである。

大林氏はこのほか、東南アジアに見られるハイヌウェレ型神話に近い内容を持つ伝承の例として、東北アッサムやラオスからもいくつかの話をあげているが、その中で特にわれわれの注意に値するのは、東北アッサムのレモング族のあいだに伝わる、ペド・ドデ・デムングという女が死に、その骨の髄が雑穀（粟やキビの類）になったという話であろう。

このようにみてくると、たしかに大林氏がいわれるように、中国の江南からインドシナ、アッサムにかけての地域に、かつては山地の焼畑で栽培される雑穀などの起源を説明したハイヌウェレ型神話が存在し、それが日本のオオゲツヒメ神話の原型となった可能性は、十分考えられそうである。しかしながら、このことはかならずしも、われわれが第三章で検討したような、日本に雑穀栽培が伝わるより以前にも、すでに焼畑で芋類を栽培する古栽培民文化と結びつき、芋類起源神話の形をとったハイヌウェレ型神話が、存在した可能性を否定するものではないだろう。

太陽をおびき出す

これまで検討してきた南洋にもよく似た話を持つ諸神話のほかに、従来から専門家によって東南アジア起源と推定されてきた重要な神話として、最後にアマテラスの岩戸隠れの話に注意しておこう。この話はだれでも知っているように、『古事記』にはつぎのような形で物語られている。

黄泉国《よみのくに》から帰還した後、イザナギは日向《ひむか》の橘《たちばな》の小門《おど》のアワギ原という所で、死者の国で身についた汚れを洗い清めるため、みそぎをした。このときイザナギが左の目を洗うとアマテラスが生まれ、右の目からはツキヨミが、鼻からはスサノオが生まれた。

イザナギは最後の子として、これら三柱の高貴な子らが得られたことをいたく喜び、アマテラスを高天原《たかまがはら》の支配者に任じ、ツキヨミとスサノオには、それぞれ夜の食国《おすくに》と海原の支配を委ねることにした。しかしスサノオだけは父の言いつけにどうしても従わず、長い鬚が胸に垂れ下がる年ごろになってもまだ、母のいる地下の世界に行きたがり、泣きわめいてばかりいたので、イザナギはついに腹を立て、彼をこの世界から追放した。

スサノオは地下に下る前に、アマテラスに別れを告げるため、高天原を訪れた。アマテラスは、はじめはスサノオが自分の国を奪い取りにきたものと思い、高天原に入るのをさまたげようとした。しかしスサノオは、邪心がないことを証明するために、アマテラスと誓約をたてて、互いの持物から子を生み合った。スサノオの剣から生まれた子は女神たちであったので、彼は自分に害意がないことが証明されたといって勝ち誇り、高天原に入ってさまざまの乱暴を働いた。

アマテラスははじめのうちは、スサノオの乱暴をいろいろ言いつくろってかばっていた。しかし彼が、アマテラスが機織《はた》り場にいるとき、その建物の屋根に穴をあけ、皮を剝《は》いだ馬を投げ入れ、これをみた織女が驚きのあまり、手に持っていた機織りの具の梭《ひ》を性器に突きたて落命すると、彼女もついに激怒し、天の岩屋の内に隠れてしまった。

日神が姿を隠したために世界は真暗になり無秩序状態におちいった。困った神々は、長鳴《ながなき》鳥（雄鶏）を集めて鳴かせたり、鏡と玉を取りつけた賢木《さかき》を岩屋戸の前で持ち、祝詞《のりと》を唱え、アメノウズメに裸踊りをさせるなど、さまざまな手段をつくして、ようやくアマテラスを岩屋の外に誘い出した。

この天の岩戸の話は、岡正雄氏によって、中国南部の苗《びょう》族やアッサムのカシ族、ナガ族などのあいだにみられる、洞窟に隠れた太陽を、鶏を鳴かせたり花を見せておびき出すという筋の話との類似を指摘されている。

たとえば貴州省の黒苗《こくびょう》の神話では、「あるとき太陽が遠くへ去って帰ろうとしなかったので、人々はいろいろな種類の鳥や獣を遣わして呼び戻そうとしたが、どれも成功しなかった。最後に雄鶏を送ると、その鳴き声によって、太陽が呼び返された。このため今でも、雄鶏が鳴くと日が昇るのである」といわれ、また同じ貴州の花苗《かびょう》のあいだには、

弓の名手が天にあった十個の太陽のうち九個を射落とすと、残った一個の太陽は、山の後ろに逃げ去ってしまった。このため世界は、二年間暗黒に閉ざされた。国王は賢人を集めて対策を協議した結果、声がもっとも大きい動物に太陽を呼ばせることにし、まず獅子と黄牛につぎつぎに呼ばせたが、どちらも成功しなかった。つぎに雄鶏に呼ばせると、鳴き声を聞いた太陽は、このような美音を出すのはだれか見ようとして、東方の山頂から顔をのぞかせた。すると世界がパッと明るくなり、人々は手をうって喜び笑い、歓迎の意を表わした。こ

れを見た太陽は、ふたたび遠くに逃げ去るのをやめ、雄鶏に、「これからは、わたしが毎日休息した後で、お前がわたしを呼べ。そうすればすぐ帰ってくるから」と命令した。そして自分の真赤な衣裳の一枚を切って、立派な冠を作り雄鶏に与えた。

という神話が語り伝えられている。

またアッサムに住むアンガミ・ナガ族のあいだにも、はじめ太陽は天に昇ろうとせず、人間、牡牛、豚、犬、鳥が順次試みても、これを呼び出すことができなかったが、最後に雄鶏が太陽を昇らせることに成功して、世界に光を与えたという話がある。さらにカシ族の伝説には、岩屋の中に身を潜めている若い美女を、花を見せて少しずつ入り口におびき寄せ、ついにこれを捕まえて夫婦になるという話があるが、メンヘン・ヘルフェンは、これを隠れた日の女神を誘い出す神話のヴァリアントと認め、鏡をつけた賢木を示してアマテラスを岩屋の外に誘い出すという日本神話のモチーフとの類似を指摘しているのである。

日食・月食の神話

ところで、日本神話でアマテラスの岩戸隠れの原因となった暴行を働いているスサノオは、日神と月神とともにイザナギのみそぎによって生まれた三貴子の一つであり、日と月の弟であるとされている。このように太陽と月に、悪行を働く末弟があり、これが太陽が隠れ、世界が闇に閉ざされる原因を作っているという点では、日本の天の岩戸神話は、インドシナに分布する日食起源神話と類似している。このことを指摘したのも、大林太良氏である。

タイの神話によれば、

太陽と月は、かつては人間であり、兄弟だった。彼らが地上にいたとき、長兄の太陽は僧侶たちへの施物《せもつ》として、毎日多量の金を与え、つぎの弟の月は銀を与えていた。この二人にはもう一人弟がいたが、彼は僧侶たちに、ひどく汚い器に米を入れて与えただけだった。このため二人の兄たちは、死後神々になったが、三番目の弟は、貪欲の罰として真黒な怪物に変形されてしまった。彼には腕と爪と耳しかない。フラ・ラフと呼ばれるこの怪物は、兄たちの幸福をねたみ、彼らを殺す機会をねらっている。ラフは兄たちに対してしばしば戦争をしかけ、これが日食や月食の原因になる。

これと同類の神話は、ラオスとカンボジアおよびミャンマーのパラウン族とシャン族のあいだに、わずかずつ形を変えて見出され、またそのかなり大幅に変容したヴァリアントと認められる話は、ベンガル湾のカル・ニコバル島にも伝わっている。このうち右に紹介したタイの神話や、カンボジアとラオスの話では、日食、月食を起こす存在は、インド神話で日・月食を起こす怪物のラーフと同じ名前で呼ばれている。しかしこのインドシナの日食神話の内容は、インドのラーフ神話とは、ひじょうに異なる。

何よりも重要な相違は、インドのラーフはもともと悪魔の族《やから》に所属する存在であって、太陽と月の弟であるとは、まったく考えられていないことである。この神話はしたがって、大林氏がいわれるように、日食が太陽と月の弟によって引き起こされるという内容に関しては、東南アジア大陸に独自の伝承であると考えられる。そして大林氏が指摘されるとおり、この話は、

(1)　太陽と月は兄弟（または姉妹）であってその下にもう一人弟（または妹）がある。

(2)　この末の弟（または妹）が悪行を働く。

(3)　日食（および月食）は、この弟（または妹）によって引き起こされる。

という三つの点に関して、日本の天の岩屋の話と、ほぼ正確に一致していると認められよう。

第五章　ギリシア、スキュタイとの比較

1　ギリシア神話との奇妙な類似

比較研究の新分野

これまで四つの章にわたってながめてきたように、日本の神話を世界の諸民族の神話と比較しながら、その起源や意味などを明らかにしようとする比較神話学的研究を行なう学者たちのあいだでは、主として南洋や東南アジアなど、日本より南の地域の神話との比較が重んじられてきた。大多数の研究者たちは、日本神話の中に含まれる要素の大部分は、何らかの経路でこれら南方の諸地域のどこかからわが国に流入した、いわゆる「南方系」の話素により占められていると考えてきた。

しかしながら、このように日本神話が主として南方起源の要素から成り立っているとする見方が、伝統的に内外の学界において主流的立場を占めてきた中にあって、何

人かの有力な研究者は、これまでにもすでに、日本神話の中に取り入れられている話素の中のかなり重要な部分が、起源的に朝鮮や中央アジアなど、北方の地域と結びつきをもつと考え、これらのいわゆる「北方系」の要素が、日本神話の中でもっている役割の解明に力を注いできたのである。第一章においてすでに述べたように、岡正雄氏は早くからタカミムスビを主神格とする観念や、天孫降臨神話、および八咫烏《やたがらす》や金《きん》鵄《し》などの霊鳥の類の助けによって建国が成しとげられたという、神武東征の説話に見られるモチーフなどは、三〜四世紀ごろ、朝鮮半島を経由して渡来した、ユーラシアのステップ地域に起源を持つアルタイ系騎馬遊牧民の文化によって、日本に持ちこまれたものであろうと主張されていた。岡氏はまた、神が天上から山頂や森、木の枝などに降下してくるという、神の人間界への来臨を垂直的に表象する神話的発想は、これよりも以前、すでに弥生時代の初期にわが国に伝わってきていた、中国東北部や朝鮮方面に原郷を持つツングース系焼畑耕作民の文化のもたらした要素であろうといわれていたのである。

この方面の研究において、特に目ざましい業績をあげた学者は、故三品彰英博士である。三品の精緻な文献学的比較研究によって、われわれは、日本の建国神話と古代朝鮮に存在した諸王国の神話のあいだに、構造と要素に関する多岐にわたる類似があることを知らされているのである。

これらの日本と古代朝鮮諸国の王朝起源神話のあいだに見られる顕著な類似点に関しては、大林太良氏によって、三品の業績を踏まえながらこれを新しい観点より全面的に再検討する試みが、精力的に推し進められている。本書においてわれわれは、近い将来さらに大きな進展が期待される、この日本と朝鮮の神話の比較研究の成果については、別に一章を設けず、本章とつぎの章の末尾において簡単に触れるだけにとどめることにしたい。そして以下の部分においては、主としてこの朝鮮神話の再検討にも、一つのきっかけを提供した、日本神話の比較研究の分野で、一九六〇年代以降の十五年間で開拓された新しい重要な方面について述べることにしたい。

それは日本神話と、ギリシアやスキュタイ、インド、イラン、ゲルマン、ケルトなど、印欧語に属する言語を話す諸民族の神話との比較である。日本神話とこれらの印欧語系諸民族の古代神話とのあいだに、以下において述べるような、とうてい偶然のしわざとしては説明しえぬと思われるいちじるしい類似があることが明らかにされた結果、われわれはこんにち、これまでみてきたような先学によってあげられた学問的成果を十分斟酌《しんしゃく》しながらも、日本神話の系統の問題を、根本から考え直す必要にせまられていると考えるのである。

オルペウスとイザナギ

日本神話と古代ギリシアの神話のあいだに、いくつかの注目すべき類似点が見られるということは、すでに明治以来、内外の研究者によってしばしば注意されてきた。中でも多くの論者によって古くから指摘されているのは、第二章の最後において、われわれがすでにポリネシアの神話との類似を検討した、イザナギの黄泉国《よみのくに》訪問の神話と、ギリシアの有名なオルペウス伝説のあいだに見られる類似である。

イザナギの黄泉国訪問の神話は、前述したように、ニュージーランドのマオリ族のあいだに伝わるタネ神とヒネ女神を主人公とする神話と、注目すべき類似を示す。しかし、ギリシアのオルペウス伝説とこの日本神話のあいだに見られる類似は、実はそれよりもいっそういちじるしいのである。

マオリ神話との微妙な相違

問題のマオリ神話においてタネ神は、たしかに日本神話のイザナギと同じく、彼に先立って死んだ妻を上界に連れ戻そうとして、危難を冒して冥界《めいかい》に降りながら、結局はその企てに失敗して、一人でまたこの世界に帰還している。しかしながらこの神話では、そもそもヒネとタネの別れの原因は、彼女が実父であるタネと知らずに夫婦になっていたことを恥じ、この関係を清算するために自殺したことであった。したがって、冥府《めいふ》にタネの訪問を受けても、ヒネには最初からタネとともに上界に帰る意志は毛頭なく、このことがタネの企てが挫折した原因のすべてであったとされている。これに反して日本神話では、イザナミは自らの意志に反し、火の神を生んだとき、性器に火傷を負わせられるという不慮の事故によって死を遂げ、相愛の夫と引き離されたとされている。したがってイザナミは、冥府にきたイザナギを自身住居の戸の外にまで出迎え、できるなら彼といっしょにまた地上に戻りたいという意志を、はっきり表明している。

このようにイザナミの側にも、夫と同行し上界に帰りたい意志があったにもかかわらず、イザナギの企てが失敗に終わらねばならなかった理由の一つは、イザナミがイザナギの冥府に到着する前に、すでに黄泉国の食物を口にしてしまっていたことであった。『古事記』によれば、イザナギの来訪を、殿の戸の外に出迎えたイザナミは、「愛《うつく》しき我《あ》が汝妹《なにも》の命、吾と汝と作れる国いまだ作り竟《を》へずあれば、還りまさね」といういう夫の訴えかけに対して、「悔《くや》しかも速《と》く来まさず。吾は黄泉戸喫《よもつへぐひ》しつ」といったとされている。

つまり、イザナミはこのときすでに、黄泉国の食物を摂取してしまっていた。そしてその結果、彼女は原則的には、もはやふたたび生者の仲間入りをすることのかなわぬ存在となっていたというのである。

しかしながら、神話の物語るところによれば、この重大な障害の存在にもかかわらず、イザナミはけっしてイザナギと同行することを、すぐに断念したわけではない。『古事記』によれば、彼女は前の言葉に続けて、「然れども愛《うつく》しき我《あ》が汝兄《なせ》の命、入り来ませること恐《かしこ》し。かれ還りなむを。しまらく黄泉神《よもつかみ》と論《あげつら》はむ。我をな視たまひそ」といって、黄泉の神から帰還の許可を取りつけるために、ふたたび殿の内に入って行ったとされている。

イザナミの上界への帰還を決定的に不可能にした第二の理由は、こうしてその場に一人取り残されたイザナギが、イザナミの戻ってくるのが遅いのにしびれをきらして、「どうかわたしを見ないで下さい」といった彼女の禁止に違反し、火をともして殿の中に入っていき、腐乱した屍体となった亡妻の姿を覗《のぞ》き見てしまったことであった。

このように、日本神話におけるイザナギの黄泉国訪問の話と、マオリ神話のタネとヒネの話のあいだには、亡妻を生き返らせるため死者の国を訪問した夫の企てが、結局失敗に終わったという話の大筋は一致しているが、その失敗に至る経緯については大きな相違が見られるのである。

冥府のタブーを犯す

オルペウスを主人公とするギリシア神話は、よく知られているように、これらのイザナギおよびタネの話と同じく、死んだ愛妻を連れ戻すため冥府を訪問した夫の話であり、オルペウスが亡き妻のエウリュディケを上界に連れ帰ることに結局失敗しているという点でも、日本およびニュージーランドの神話の場合と合致している。しかもこのギリシア神話は、日本とマオリの神話のあいだに大幅な相違が見られる冥府行きの失敗の経緯に関して、日本神話と細目にまでわたって、きわめてよく一致しているのである。

すなわち、イザナミが不慮の事故の結果、自らの意志に反して愛する夫から死によって引き離されたのと同様に、オルペウスの妻のエウリュディケも、毒蛇に噛《か》まれて落命したので、夫を上界に残して一人で死者の国に行ったのは、まったく彼女の意志に反したことであった。それゆえイザナギの場合と同様、彼女を地獄から連れ帰ろうとするオルペウスの企ては、エウリュディケ自身の願望とも合致し、いったんは成功しかける。そしてそれにもかかわらず、オルペウスが、結局はエウリュディケから決定的に引き離され、一人で上界に帰らねばならぬ破目に陥った理由は、彼がイザナギと同様に、冥府にいるあいだに妻の姿を見てはならぬという禁令に違反したことであったとされている。

ギリシアのオルペウス伝説と、イザナギの黄泉の国訪問の話のあいだに見られる一致は、このように、失敗の具体的原因が、主人公が冥府で亡妻の姿を見てはならぬという禁止に背《そむ》いたことであったというような、特異な細目にまでわたっており、後者の神話と従来専門家の多くによって類縁関係を認められてきた、ニュージーランドのタネの話とのあいだに見られる、話の大筋に関する一致よりは、はるかに特殊的であり顕著であるといわねばならない。しかも日本神話では、イザナギが冥府からイザナミを連れ帰れなかった理由の一つは、前述したように、イザナミがすでに冥界の食物を摂取してしまったことであったとされているが、これときわめてよく似た話も実は従来からしばしば指摘されているように、ギリシア神話の中に見出されるのである。

ギリシア神話で、死者の国の女王とされているペルセポネ女神は、大地の女神デメテルの愛娘《まなむすめ》であり、最初は母親とともに地上で暮らしていたが、あるとき冥府の王ハデスにとらわれ、地下に拉致《らち》されて、無理やりその妻にされてしまった。この暴挙を怒ったデメテルは、後にまた述べるような仕方で、女神としての役割を放棄し、大地より作物を出すことをやめて、世界を飢饉《ききん》に陥れた。そこで神々の王ゼウスは困惑し、ハデスを説得して、ペルセポネを母親のもとへ返させることにした。しかし、ペルセポネは、このときすでに冥府で石榴《ざくろ》の実を口にしてしまっていたために、上界に完全に復帰することができず、その後もハデスの妃として一年のうちの一定期間を、死者の国で過ごさねばならなくされたといわれているのである。

二つだけのオルペウス型神話

イザナギの黄泉国訪問の神話は、このように多くの点でギリシア神話といちじるしい類似を示す。しかしながら、近年まで専門家の大多数は、これらの類似に気づいていたにもかかわらず、それが日本神話の系統の問題との関連において、意味を持つとは考えなかったのである。その理由の一つは、言うまでもなく、日本神話を遠く隔たったギリシアの神話と起源的に関係づけることは、常識的にみて、不可能と考えられたためであった。

これに加えてさらにもう一つの理由として、一般にギリシアのオルペウス伝説とイザナギの黄泉国訪問神話に共通してみられるような話形は、世界のほとんどすべての地域の神話に見出されるもので、これがよく似た形をとって日本とギリシアに見られるのは、驚くにあたらないと考えられたということがあった。

このうちの二番目の理由、すなわちオルペウス伝説と符合するような説話の型が、人類の神話に普遍的なものであるという仮定は、しかしながら最近の研究によって誤りであったことが判明している。オルペウス伝説と類似した説話の分布状況については、近年スウェーデンの民族学者フルトクランツによって、網羅的に近い研究がなされている。

このフルトクランツの著書によってみると、オルペウスやイザナギの場合と同様、亡妻を上界に連れ戻すため、冥府を訪問した夫の冒険を主題とした説話は、日本とギリシアを除けば、ポリネシアと北アメリカとのただ二つの地域に限って濃密に分布している。しかもこの夫の企てが失敗に終わったとされ、その失敗の原因が冥府で課せられた禁令に夫が違反したことであったとされている話は、日本とギリシア以外では、北アメリカの原住民の伝承中にしか見られない。いいかえれば、このように冥府で主人公が禁止を破ったために亡妻を連れ戻すのに失敗したという話根を含む、狭義の「オルペウス型神話」は、実は旧大陸においては、ただ日本とギリシアにだけ見出されるのであり、したがってこの話がこれらの両地域において、主人公が違反する禁忌の具体的内容まで正確な一致を示すということは、従来一般に認められてきたよりは、ずっと特異な類似と見なされるべきものなのである。

日本のイザナギ・イザナミ神話と、ペルセポネを主人公とするギリシア神話に共通してみられる、死者が冥界で食物を摂取したため、上界への帰還が不可能となったという話根についても、学者たちは従来、この類似に注目しながらも、これが日本神話とギリシア神話のあいだに、何らかの関係を想定する根拠となりうるとは考えなかった。そのわけは、このように他界に行った者がそこで食物を口にすると、二度と人間界に戻れなくなるという信仰は、世界の多くの地域に見出されるものだからである。

しかしながら日本神話の中で、この話素は前述したように、他の点でもギリシア神話と全体的に類似した話の文脈の中に組みこまれている。またこの話根が、もとは上界に居住していた有力な女神がなぜ冥界に所属する存在となり、死者の国の支配者となったかを説明するために用いられているという点でも、ギリシア神話と日本神話は軌を一にしている。これらの点を考え合わせれば、この類似も、従来一般に考えられてきたよりは、ずっと特殊なものであるといえるのではなかろうか。

バウボとアメノウズメ

前々項で問題にした、ペルセポネが冥府で食物を摂取したために上界に完全に復帰することができなかったという話は、古代ギリシアにおいて、重要な宗教的役割を演じたことが知られている、エレウシスの密儀の縁起譚《たん》の一部を構成していた。このエレウシスの密儀は、周知のようにペルセポネとその母親のデメテルとの二大女神を主神格とするものであったが、これら両女神を主人公とするエレウシスの伝承中には、実は右の話の他にもまだ、従来から日本神話との類似を内外の学者によって注意されてきた話が含まれているのである。

前々項でも触れたように、ペルセポネはもとは母親のデメテルとともに、上界で仲むつまじく暮らしていたが、あるとき突然ハデスによって冥界に連れ去られた。このハデスによるペルセポネの誘拐は、神々の王ゼウスの承認のもとに行なわれたものであった。

このことを知ったデメテルは、神々の自分に対するひどい仕打ちに深い恨みを抱き、神界を離れ、姿をやつして人間の世界を放浪した。あるとき、女神はエレウシスにきて、土地の王ケレオスの館《やかた》に客として迎えられた。女神はペルセポネを奪われて以来、このときまで一言も口をきかず一片の食物も口にしていなかった。だが、このケレオス王の館で、王妃のメタネイラとその侍女のイアンベまたはバウボという女性から受けた真心のこもったもてなしによって、彼女ははじめていくらか心をやわらげ、長い間の断食に終止符を打った。

一伝によればこの時、デメテルが出された食事にいっこうに手を触れぬのに業《ごう》を煮やしたバウボは、自分の性器を露出して女神に示した。するとこの滑稽なしぐさを見て、デメテルは思わず笑い出し、ついに食物を摂ることを承知したのであるという。

この神話は、フランスの宗教史家のレナックとクシュや、松本信広氏などによって指摘されているように、日本神話のアメノウズメの踊りの話と奇妙な類似を示す。アメノウズメは天の岩屋に隠れたアマテラスを招き出すために、岩屋の前で踊りながら、恥部を露出し神々を笑わせた。アマテラスが岩屋に閉じこもったのは、スサノオの乱暴に対して憤《いきどお》ったためであり、かつこのようにして日神が隠退してしまった結果、世界は暗闇となり無秩序状態に陥ったとされている。したがって、このアメノウズメの踊りの話は、男神の乱暴な行為によって深く傷つけられ、憤慨のあまり神々のあいだから姿を隠し、宇宙の秩序を維持するために肝要なその役割を果たすことを止めてしまって、世界を混乱状態に陥れた大女神を宥《なだ》めるために、女性が滑稽な仕方で性器を露呈し、笑いを誘発しているという、かなり奇異なものであるその内容において、明らかに、右のバウボによる性器呈示を物語るギリシア神話と一致しているといえるのである。

デメテル神話の異伝

ところで、デメテルとその娘との二大女神を主神とする祭祀《さいし》と、これらの両女神を主人公とする神話は、古代ギリシアにおいて、けっしてエレウシスにのみ特有のものではなかった。アルカディア地方には、同地で行なわれたこの密儀の縁起譚として、つぎのような、エレウシスの伝承とはかなり異なる話が伝承されていたのである。

デメテルはあるとき、アルカディア地方を通りかかったおりに、彼女に対し欲情を燃やしたポセイドン神によって、後をつけられているのに気づいた。彼女はそこで、とっさに一頭の牝馬に姿を変えて、付近で草を食《は》んでいる馬の群の中に混じり、ポセイドンの目をくらまそうとした。しかしポセイドンは、女神の変身を目ざとく見破り、自身もすかさず牡馬の形をとると、牝馬になったデメテルを捕らえて、むりやりに情欲を遂げた。この交わりの結果デメテルは、秘儀にあずからぬ者には名を明かすことのできぬ大女神と、アレイオンと呼ばれる一頭の神馬を生んだ。

この事件の後、デメテルはポセイドンの理不尽な行為に憤って、黒衣に身を包み、山中の洞穴の中に閉じこもって、作物を生育させる大地女神としての機能を果たすことをやめ、世界を飢饉に陥れた。困惑したゼウスは、最後に運命の女神のモイライたちをこの隠所に派遣して説得にあたらせ、ようやくデメテルを洞穴から出させることができた。

この神話にデメテルの娘として登場する、みだりに口にすることの許されぬ名を持つという神秘的な女神格は、この話をわれわれに伝えた『ギリシア周遊紀行』の著者・パウサニアスによっては、ペルセポネとは別個の神格と見なされている。しかしながら、アルカディアの各所において、デメテルとともに密儀の主神として尊崇されていたこの娘神が、本来は恐るべき死者の国の女主人公のペルセポネと同一的存在であったことには、疑問の余地がないと考えられる。いいかえれば、このアルカディアのデメテル神話は、前にあげたエレウシスの伝承と、形を大幅に異にしてはいるが、互いに異伝の関係にあると思われるのである。

ところでこのアルカディアのデメテル神話は、前のエレウシスの伝承とはまた別のいくつかの点において、日本のアマテラス神話といちじるしい類似を示す。

まず、三品彰英によってすでに指摘されているように、このアルカディア神話で、デメテルが牡馬に姿を変えたポセイドンから理不尽な暴行を加えられ、そのことを憤って洞穴の中に隠れたといわれているのは、日本神話で、アマテラスが神聖な機屋《はたや》で神の衣を織る作業の指揮にあたっていたところに、スサノオから生きながら皮を剝《は》いだあばれ馬を投げこまれ、彼女自身（またはその分身とみられるワカヒルメという名の織女）が、驚きのあまり手に持っていた梭《ひ》を性器に突き立てて重傷を負い、その結果、アマテラスがついに怒って岩屋の内に隠れたというのと、驚くほどよく似ている。しかもこの岩屋に隠れた大女神を、ふたたび外に招き出すにあたっての決定的役割は、日本神話でもギリシア神話でもともに、女神（日本のアメノウズメ、ギリシアのモイライ）によって演じられたとされているのである。

さらにこの問題のギリシア神話で、デメテルに乱暴を働いたとされているポセイドンは、この女神と同じ父母（クロノスとレイア）から生まれた弟であり、かつ海の支配者であるが、この神はまたその原初的性格においては、地下水をつかさどり地震を起こすなど、大地、ことに地下の世界と関係深い神格であったことが、専門家により確実視されているのである。このことは、日本神話でアマテラスに暴行を加えているスサノオが、この女神の弟であり、最初は父のイザナギから海の支配者に任命され、結局は地下の根の国の主となったとされており、かつ『古事記』に「天にまゐ上りたまふ時に、山川悉《ことごとく》に動《とよ》み国土皆震《ゆ》りき」と言われているように、その移動によって地震をひき起こす神格であるのを思わせる。

また、アマテラスは日本神話の中で、スサノオと肉体的交合を遂げてはいないが、つぎのようにして、この神と一緒に子をもうけたとされている。

すなわち、スサノオが猛烈な勢いで高天原に上ってきたときに、アマテラスは、彼が自分の統治する天界を奪い取りにくるものと思いこみ、男装し、完全武装して、「弓腹《ゆばら》振り立てて、堅庭は向股に踏みなづみ、沫雪《あわゆき》なす蹶《く》ゑ散《はららか》して、稜威の男建《をたけび》、踏み建びて」といわれているような、すさまじい怒りの形相をとって弟神を迎え、何の用があってきたのかと鋭く詰問した。

するとスサノオは、自分はただ母のいる地下の国に行く前に、姉に暇《いとま》ごいをするためにきたので、けっして邪《よこし》まな意図は持っていないといって抗弁し、彼の心が潔白であるのを証明するために、自分とアマテラスが誓いをたて、互いに所有物を交換して、それから子を生み出してみることを提案した。

アマテラスはこの申し出を受け入れ、二神は天の安河をあいだにはさんで両岸に向かい合って立ち、誓いをたてた。そしてまず、アマテラスがスサノオの剣を取り、これを三つに折って、天の真名井の水ですすいだうえで口に含み、嚙み砕いて口から霧を吹き出すと、その中から三柱の女神が生まれた。つぎにスサノオがアマテラスが身に着けていた玉をもらい受け、同様のしかたで生み出した子たちは五柱の男神であった。

これらの男神たちは、アマテラスの所有物から生まれたので、この女神の子と認められ、また前にスサノオの剣から生まれた女神たちは、彼の子と認定された。このように自分の子として優しい女神たちをもうけたことによって、スサノオの心に害意のなかったことが証明され、彼は高天原に逗留《とうりゅう》することを許されたのである。

アマテラスとデメテルの一致

この話でアマテラスが、後に馬を用いて彼女の性器に傷を負わす結果になる暴行を働くスサノオとともに子を生んだとされているのは、アルカディア神話で、デメテルが馬の形をとって彼女を凌辱《りょうじょく》したポセイドンの子を生んだといわれているのを思わせる。またアマテラスがこのスサノオとの子生みの場面において、すさまじい憤怒の形相をとって現われているのは、アルカディアの伝承で、デメテルがポセイドンに犯されたとき、怒って復讐の女神エリニュスの形を現わしたといわれ、このときの女神の様子が、ピガリアでは馬形の頭を持ち、そこから蛇やその他の獣が生え出ているという、ものすごい姿をした女神像によって表わされていたと伝えられているのと、きわめてよく一致すると思われるのである。

なおデメテルは、エレウシスの伝承によれば、彼女を館に滞在させ親切にもてなしたケレオス王の子の一人、トリプトレモスに特別の愛情をそそぎ、わが子のようにいつくしみ育てたうえに、彼を有翼の竜の引く車に乗せ、麦の種子を持たせて、空から世界に農業を広めてまわらせたとされている。これは日本神話で、『日本書紀』に記載されている一伝（神代第九段、一《いち》書の二）によれば、アマテラスが愛孫のホノニニギに稲穂を持たせて、この国土に降臨させているのを思わせる。『釈日本紀』に引用された『日向《ひゅうが》国風土記』の一節によれば、このときホノニニギは、地上においてオオクワ（大鉏）とオクワ（小鉏）という、農具を意味すると思われる名を持つ二名の土蜘蛛《つちぐも》によって迎えられた。そして彼らのすすめにしたがい、「千穂の稲を搓《て》みて籾《もみ》と為して、投げ散らしたまひ」て、暗黒であった世界を日月の照り輝く明るい世界に変えたという。

これはわれわれに、トリプトレモスが農業を世界に広めるために派遣される場面を描いた、ギリシアの壺絵などに、しばしばデメテルとペルセポネが、彼に麦の穂と同時に農具の犂《すき》と闇を照らすための松明《たいまつ》を授与しようとしているところが表わされてい

トリプトレモスに麦の穂と犂と松明を手渡すデメテルとペルセポネ（上）
フェニキアで発見されたトリプトレモスの浮彫り（下）

るのを想起させる。フェニキアで発見された後代の浮彫りには、蛇に乗った車の上から地上に種をばらまいているトリプトレモスの頭上に太陽を、左肩の上には三日月を表わしたものもある。トリプトレモス自身が、原初的には日神的性格の存在であったとするイギリスの古典学者クックの主張には、にわかには従えないにしても、一般にギリシア美術に見られる彼の車の図像的表現が、太陽神の車ときわめてよく似ているというこの碩学《せきがく》の指摘は、正鵠《せいこく》を射たものであろう。

　デメテルを主人公とし、彼女とその娘の二大女神を主神とする密儀的祭祀の縁起譚として、エレウシスとアルカディアで、それぞれかなり大幅に異なる形をとって伝承されていたギリシア神話は、このように全体としてアマテラスを主人公とする日本神話と、多くの特異な細目に関してまで、驚くほどよく類似しているのである。大林太良氏は、一九六一年の著書『日本神話の起源』の中で、日本神話とギリシア神話のあいだに、このような「奇妙な一致」が多々見られるのは、「内陸アジアの馬匹飼育遊牧民によって、神話が西から東へ運ばれたためであろう」という、当時においてはきわめて大胆と思われた仮説を提唱された。この仮説は、以下に紹介するようなわれわれの研究によって、今日では基本的に正しいものであったことが明らかになっていると言ってよかろう。

2　スキュタイ神話との問題

媒介者としてのスキュタイ人

前節のはじめにおいても述べたように、朝鮮半島を経由して、わが国にまで伝播したと考えられる、ユーラシアのステップ地帯のアルタイ系騎馬遊牧民の文化に起源をもつ神話素が、日本神話の中で、かなり重要な部分を構成しているのではないかという指摘は、すでに岡正雄氏らによって、早くからなされていた。

ところで、このアルタイ系民族の騎馬遊牧文化は、そもそもこの地域において、最初に騎馬の技術を開発し、典型的な騎馬民族文化を成立させた、いわゆるスキュタイ人によって代表される、イラン系の遊牧民の文化の圧倒的影響下に成立したものであった。前者の文化が、このように起源的にそのモデルとしての役割を果したうえに、その後の歴史においても、長期間にわたって彼らに隣接し、なかば混交もしながら、主としてユーラシアのステップ地帯の西半部において活躍したこれらのイラン系遊牧諸族の文化に、物質面のみならず社会制度や精神文化の領域においても、きわめて多くの要素を負っていることは、よく知られた事実なのである。

これらのイラン系遊牧民の活躍の主要な舞台となったユーラシアのステップ地帯の西半部の地域は、紀元前三千年紀においては、現在言語学者によって「印欧語」（インド・ヨーロッパ語）として分類されている多くの言語の、共通の「祖語」（＝もとの言葉）にあたる言語（印欧祖語）を話す民族によって占められていたと考えられる。世界ではじめて馬を飼い馴らし、馬匹飼育を特徴とするユーラシア内陸部に特有の遊牧民文化を成立させたのは、この印欧祖語を話す民族であった。

スキュタイ人によって代表されるイラン系遊牧民は、印欧語族（印欧祖語およびそれから出た言語を話す民族の総称）の一派であり、他の印欧語系諸民族が、アジアからヨーロッパにまたがる広大な農耕地域の各処に分かれて移住し、定住生活に入った後にも、なお印欧語族の発祥地に留まり、馬匹飼育遊牧民文化の伝統を維持していた種族である。したがって彼らのあいだには、当然、印欧語族の移動に伴って各地に伝播した「印欧共通文化」に由来する伝統が、種々の面で後代まで比較的原形に近い形で維持されていたと想像される。

しかも、これらのイラン系騎馬遊牧民は、歴史時代においてもなお、ギリシアをはじめ、インド、イラン、ゲルマン、ケルトなどの印欧語系諸民族と、種々の形で接触や交渉を持っていた。スキュタイ人とギリシアのあいだには、ことに黒海の沿岸に建設され、スキュティアとの交易によって繁栄したギリシア植民都市を媒介として、さかんな通商と文物の交流が行なわれたことが知られている。

これらのことを念頭におけば、先史時代のわが国にまで、ギリシアをはじめとする印欧語系諸民族の神話と共通する要素を含んだ、イラン系遊牧民の神話の影響が及んだと考えるのも、けっして不可能ではないことが理解できよう。私も実は大林氏の

『日本神話の起源』が上梓されたのとほぼ同じ時期に、印欧語系諸民族の神話と日本神話のあいだに、以下において述べるように、偶然の産物としては説明しえないほどいちじるしい類似が、きわめて多く存在するのに気づき、一九六一年から一九六三年にかけて、フランスの宗教史学雑誌に発表した日本神話に関する論文の中で、大林氏の見解とほぼ同一の仮説を提案していたのである。

ヘロドトスのスキュタイ神話

朝鮮半島を経由して、わが国に持ちこまれたと思われる、いわゆる「北方系」の神話素の中には、これまで述べてきたように、イラン系遊牧民を媒介として、アルタイ系遊牧民のあいだにまで伝播していた印欧語系民族の神話に由来する要素が、多く含まれていたと考えられる。いいかえれば、われわれの主張が正しいとするならば、『古事記』や『日本書紀』に記された日本神話の中には、ユーラシアのステップ地帯の西半部にいた、イラン系遊牧民の神話からの影響が、相当強く及んでいると思われるのである。

それでは、その日本神話にまで強い影響を及ぼしたと想像されるイラン系遊牧民の神話とは、いったいどのような内容のものだったのだろうか。

イラン系遊牧民の神話に関しては、われわれは残念ながら、古い時代に原語で書かれた資料をもっていない。しかしながら、主としてつぎに述べるような二種類の材料を手がかりとすることによって、その内容をある程度までうかがい知ることができる。そしてこれらの材料によって、部分的に知られるその内容には、事実、日本神話と共通する要素が多く含まれており、このことを通してさきに述べた仮説の正しさが裏書きされると思われるのである。

クル・オバのスキュタイ墳墓から出土した棺の破片に描かれたアフロディテとエロス

まず、イラン系遊牧民族の中でも、黒海北方の地域を本拠地としたスキュタイ人に関しては、われわれは、彼らと密接な交渉を持った古代ギリシア人によって書き記された資料によって、その生活や文化の実態を、かなりの程度まで詳しくうかがい知ることができる。これらのギリシア語で記されたスキュタイに関する文献の中でも、もっとも重要なものは、ヘロドトスの『歴史』の第四巻だが、その冒頭に近い部分には、つぎのようなスキュタイ民族の起源に関する神話が紹介されている（要約）。

スキュタイ人の始祖は、タルギタオスという名の男で、ゼウスとボリュステネス河（ドニエプル河）の娘の子であった。このタルギタオスから、リポクサイス、アルポクサイス、コラクサイスという三人の息子が生まれた。

タルギタオスの三人の息子たちが、スキュティア地方を支配していた時代に、あるとき天から三点の黄金製の宝物が降下してきた。それらは、犁《すき》に軛《くびき》が取りつけられた耕具と、サガリスと呼ばれる戦闘用の斧《おの》と、盃《さかずき》とであった。

長兄のリポクサイスが、まずこれらの品を取ろうとして近づいたところ、黄金の宝は火を発して、彼をそばに寄せつけなかった。つぎにアルポクサイスが近づくと、また同じことが起こった。しかし末弟のコラクサイスが宝器に近寄ると、火は消え、彼はそれらを家に持ち帰ることができた。このしるしを見て二人の兄は、コラクサイスを神意にかなうスキュティアの支配者と認め、彼に王権を委ねることに同意した。コラクサイスは、王族であるパララタイ氏族の祖先となった。リポクサイスからはアウカタイ氏族が、アルポクサイスからは、カティアロイとトラスピエスの二氏族が、それぞれ発祥した。

この神話の中で、スキュタイの始祖の息子たちの時代に天から降下し、王家の先祖の所有物となったことが物語られている三点の宝器に関して、ヘロドトスはつぎのように記している。

かの黄金製の器物は、歴代の王が何にもまして大切に保管し、年ごとに盛大な生贄《いけにえ》を捧げて神のごとく敬《うやま》い祀《まつ》っている。祭礼の際野外でこの黄金の聖器を奉持しているものが眠った場合には、この者が一年以内に死ぬという言い伝えがスキュティアにはある。そのためにこの役の者には、彼が騎馬で一日間に乗り廻すことのできるだけの土地が与えられるのであるという。コラクサイスはこの広大な国土を三つの王国に分け、自分の息子たちに所領として与えたが、その内の一つを特に他よりも大きくし、金器はこの国に保管させることにした（『歴史』巻四、七、松平千秋氏訳から引用）。

スキュタイの三種の神器

このように、ヘロドトスの記述によって知られるスキュタイ神話のこの貴重な断片によれば、スキュタイ人は彼らの民族と王家とが、天神と水の女神の結婚によって発祥したものと言い伝えていた。またスキュタイの最有力の王家には、ヘロドトスの時代にもなお、王家の始祖のコラクサイスのために、王権のしるしとして天より降下したと信じられた三点の聖器が伝承され、歴代の王によって神のごとくに崇《あが》められ、大切に取り扱われていたのである。

このことは、われわれに日本の天皇家も神話によれば、天より降臨したニニギの子の天神ホオリと、海神の娘の水女神トヨタマヒメとの結婚から発祥したとされており、またその始祖に委ねられたこの国土に対する統治権のしるしとして、天から降下したと言い伝えられた三点の神聖な宝器を、神のように敬いながら保有してきたことを想起させる。しかもスキュタイ神話においても、天神と水女神の結婚から、民族と王家の始祖が生まれたしだいは、日本神話のホオリとトヨタマヒメの結婚の話と、かなりよく似た形で物語られていた形跡があり、また皇室の三種の神器に対して、古く与えられていたと思われる意味づけは、つぎに述べるように、スキュタイの王家の宝器に付与されていたものと、ほぼ正確に一致していたと考えられるのである。

スキュタイの王家に伝承されていた宝器は前述したとおり、いずれも黄金製の、犁に軛《くびき》の付属した耕具と、戦闘用の斧と盃とであったが、これらはデュメジルとバンヴェニストによって、スキュタイ人が人間社会にとって不可欠の要素と考えていたと思われる三種類の職業を、その遂行のために必要な用具によって象徴したものであったことが明らかにされている。耕具と戦闘用の斧に関しては、前者が農民の、後者が戦士の用具であり、これらがそれぞれ、食糧生産と戦闘を象徴することは、ほとんど自明であろう。三番目の盃は、イラン系の民族にとっては、宗教の儀式を執行するために肝要な祭具であった。ゾロアスター教の聖典の『アヴェスタ』の中で、祭司と戦士と農民のそれぞれの「道具一式」が列挙された箇所（ヴェンディダッド、一四、八―一〇）においても、祭司用の道具の主な部分は、聖酒ハオマの盃をはじめとする多くの盃によって占められている。スキュタイ宗教にとっての、祭具としての盃の重要性

スキュタイ王の叙位式を表わした黄金製の額飾り（上）
衣服に付けられた黄金製の飾り板（下）
大女神から王に飲料の入った角盃が授けられている

は、特に次のような考古学的資料によって、明らかに知られる。

黒海周辺のスキュタイ遺跡からの出土品の中には、しばしば王の叙位式の宗教的表現と思われる場面が、いろいろな形で表わされている。これらの場面において、王とおぼしき人物は、通常、大女神を表わすと思われる女性から、神聖な飲みものを満たした角形の盃を授与されている。

このことからわれわれは、スキュタイ王の聖宝であった耕具と戦闘用斧と盃とが、農民（＝食糧生産者）と戦士と祭司の三種類の職業を、そのそれぞれの遂行のために欠くことのできぬ道具によって表わしたものであり、中でも盃は、スキュタイ王によって大女神自らの手で施行されるものと観念されていたらしい王権の授与式においても、中心的な役割を与えられていた聖器であったと結論してよかろう。

日本の三種の神器

われわれは、日本の三種の神器に対しても、古くは、これとほぼ正確に符合するような意味づけがなされていたのではないかと考えている。皇室の神器の剣が、スキュタイ王の神宝中の戦闘用斧と同じく、戦士の機能遂行に肝要な武器であることについては、多言を要しまい。鏡は周知のように、王権の授与者である大女神のアマテラスによって、「この鏡は、もはら我が御魂《みたま》として、吾が前を拝《いつ》くがごと、斎《いつ》き奉れ」（『古事記』）という神勅《しんちょく》とともにニニギに手渡されたといわれている。つまり神器の鏡には宗教および天皇の保有する神聖王権を、もっとも直接的に象徴する品として、スキュタイ王の神宝中の盃と相似した意味が付与されていたと考えられるのである。

玉に関しては、『古事記』にイザナギがアマテラスを高天原の支配者に任命するにあたって、「その御頸珠《みくびたま》の玉の緒ももゆらに取りゆらかして、天照大御神に賜ひて詔《の》りたまはく、『汝《いまし》が命《みこと》は高天原を知らせ』と、言依《ことよ》さして賜ひき」という記述がある。

日本の三種の神器	スキュタイ王の神宝	社会機能
鏡	盃	宗教＝王権
剣	戦　斧	軍　事
玉	耕　具	食糧生産

イザナギが、生まれたばかりの愛娘《まなむすめ》のアマテラスに高天原の王権を委ね、地上より天界に送るにあたって、「汝が命は高天原を知らせ」と命令しながら、首飾りの玉を与えたというこの話は、賀茂真淵《かものまぶち》によってもすでに指摘されているように、明らかに、アマテラスが生まれたばかりの愛孫のニニギを、天界より瑞穂《みずほ》の国の支配者として降臨させるにあたり、王権を象徴する神器の一つとして、玉を授けたという話と、相呼応する関係にあるとみられる。ところで『古事記』には、前掲の記事の後

にすぐ続けて、「かれその御頸珠《みくびたま》の名を、御倉板挙《みくらたな》の神と謂《まを》す」と記されており、イザナギによって天上の王権のしるしとして、アマテラスに与えられた神聖な首飾りの玉が、実は倉に祭られる稲種（タナ）を表わす神である倉稲魂（ウカノミタマ）の御神体に他ならなかったことが明示されているのである。

上代の日本人の思考の中で、玉に一般的に豊穣や多産など、農業と関連する霊力が付与されていたことを示す典拠は、古典の中から、このほかにも数多く摘出することができる。それらをここでいちいち列挙するのは、煩瑣《はんさ》になるのでさしひかえるが、右の一事のみによっても、三種の神器の玉に、宗教および神聖王権を表わす鏡、ならびに軍事的機能を表わす剣との対比において、農業に代表される食糧生産機能と、密接に関係した意味づけがなされていたことは、十分察せられるのではなかろうか。

以上のことを要約すれば、スキュタイ王の聖宝と日本の三種の神器とのあいだには、それらが象徴するとみられる社会的機能に関しても、前ページの表のような関係が認められるのである。

オセット人の「ナルト叙事詩」

古代にユーラシアのステップ地帯で活躍したイラン系遊牧民の神話を知るために、

われわれはまずこれまで述べてきたように、ヘロドトスら同時代のギリシア人たちによって書き残された断片的記述を利用することができる。これとともに役に立つと思われる第二の資料は、オセット人のあいだに口承されている「ナルト叙事詩」と呼ばれる英雄伝説である。

スキュタイ人の戦い

旧ソ連領に属する北カフカス（コーカサス）地方の中央部に居住するオセット人は、イラン系遊牧民の強力な一派であったアラン人の後裔であり、アラン語から変化したと思われる言語を話している。彼らのあいだに伝わるナルトと呼ばれる半神的英雄の種族を主人公とする叙事詩伝説は、いろいろの点からみて、アラン人が古代に所有していた神話が変化したものであることが確実と考えられるのである。

このナルト叙事詩について、われわ

れの観点からみて特に注目に値すると思われるのは、その中に描写されているナルトたちの風習が、しばしばヘロドトスらによって記述されたスキュタイ人の習俗と、すこぶるよく一致していることである。たとえば、伝説によれば、ナルトたちは「ナルトの啓示者」と呼ばれる不思議な酒盃をもっていた。この酒盃は、ナルトたちの全員が一堂に会する神聖な宴会の席において、つぎのような奇蹟を行なったといわれる。

この酒宴の最中に、ナルトたちはつぎつぎに立ち上がって手柄話を物語り、そのときまでに自分が殺した敵の人数を数えあげる。そのおりにもし語られた武功が真実であれば、ナルトの啓示者は自ら空中に浮かび上がって、話し手の唇に美酒を運ぶ。しかしもし、ナルトの語った手柄が虚偽のものであれば、この酒盃の奇蹟は起こらず、話し手は満座の中で恥をかかされる。

このナルトの風習は、明らかにヘロドトスの伝えるつぎのようなスキュタイの習俗に酷似しており、その伝説化された表現であると認められよう。スキュティアにおいて各地区の首長は、年に一度甕《かめ》の中に適量の水で割った酒を用意し、戦場で敵を討ち取ったすべてのスキュタイ人にこれをふるまったが、そのおりに、武功のない者は、この酒宴の席で酒を味わうことを許されず、恥辱を忍んで離れた場所に座っておらねばならなかった。この、年に一度のふるまい酒にあずかる資格のない者とされることは、スキュタイ人によって最大の不名誉と考えられていたという。

またナルト叙事詩の中では、しばしば英雄が殺した敵の頭皮を剝《は》ぎ取り、これを材料にして女たちに外套《がいとう》を縫わせることが物語られている。これはわれわれに、ヘロドトスによってつぎのように記述されているスキュタイ戦士の風習を思い出させる。

スキュタイ人は（戦闘で殺した敵の）首級の皮を次のようにして剝ぎとる。耳のあたりで丸く刃物を入れ、首級をつかんでゆすぶり、頭皮と頭蓋骨《ずがいこつ》を離す。それから牛の肋骨《ろっこつ》を用いて皮から肉をそぎ落し、手で揉《も》んで柔軟にすると一種の手巾《しゅきん》ができ上る。それを自分の乗馬の馬勒《ばろく》にかけて誇るのである。この手巾を一番多く所有する者が、最大の勇士と判定されるからである。またスキュタイ人の中には、剝いだ皮を羊飼の着る皮衣のように縫い合せ、自分の身につける上衣まで作るものも少なくない（『歴史』巻四、六四、松平千秋氏訳により引用）。

このように、叙事詩中に物語られているナルトたちの行為が、古代作家の記述によってわれわれに知られているスキュタイ人の風習と、驚くほどよく一致している例は、この他にも数多くあげることができる。これはナルト叙事詩が、古代のイラン系遊牧民の伝承にさかのぼる要素を、大きな時のへだたりにもかかわらず、現在まで相当忠実に保存していることの明らかな証拠と考えられよう。

英雄・名家の起源

ところでこのナルト叙事詩において、ナルトたちの中のもっとも有力な家であるエクセルテッカテ家の起源は、つぎのような説話によって説明されている。

ナルトの果樹園に一本のりんごの木があり、その果実にはあらゆる傷と病を癒《いや》す不思議な力があった。しかしこの実は、一日に一個ずつしかならず、昼間のうちに熟して夕方には食べごろになるが、夜の間に必ず何者かによって盗まれてしまうのであった。ナルトたちは、果樹園の周囲に高い柵をめぐらし、毎夜交代で不寝《ねず》の番にあたったが、盗難を防ぐことはおろか、盗人の姿を目撃することもできなかった。

ある晩のこと、ウェルヘグの双児の息子の、エクサルとエクセルテグが、順番がきて見張りの役をつとめることになった。この兄弟は、ともに無双の剛勇の持主であり、ことに弓を取っては、空を飛ぶ鳥を的としても射損じることのないほどの名手であった。しかしながら、弓の腕前にかけても、また武勇全般に関しても、弟のエクセルテグは、兄よりもさらに一段とたち勝っていた。

果樹園に着くと、エクセルテグは兄を眠らせ、一人で終夜番にあたった。夜明け間近に、突然三羽の美しい鳩がどこからともなく園の内に侵入してきて、不思議な光を放ちながらりんごの木の枝にとまり、実をついばもうとした。エクセルテグがすかさず狙いを定めて矢を放つと、矢は一羽の鳩に命中したが、傷を負った鳩は他の二羽とともに飛び立ち、地面に血をしたたらせながら逃げ去ってしまった。

エクセルテグはそこではじめて、このときまで何も知らずに熟睡していた兄を起こして、今起こったことの一部始終を話して聞かせた。彼はまた、地面に落ちた鳩の血を拾い集めて大切に包み、帯のあいだに挟んだ。夜が明けると、兄弟は血の跡をたどり、盗人の行方を尋ねていったところが、海岸に行き着き、跡はそこで途絶えていた。エクセルテグは兄を岸に残して、一人で海の底に降りてみることにした。そしてエクサルに、自分が入水《じゅすい》した後で、もし海の面が赤い泡で覆われることがあれば、自分の生命はもはやないものと思ってほしい。しかし、もし白い泡が海面に浮かべば、自分は必ず生きてまた戻ってくるから、そのときは、一年のあいだこの場所で自分の帰りを待っていてほしいといい置き、水中に潜っていった。

エクセルテグが海底に下り立ってみると、そこには、壁は煌々《きらきら》しい螺鈿《らでん》、床は青硝子《ガラス》でき、天井には明けの明星が輝く、光まばゆい館があった。それは海の支配者ドンベッテュルと、その一族のドンベッテュルテたちの住居であった。エクセルテグがその館の中に入ってみると、広間があり、そこにドンベッテュルの七人の息子たちが座り、その上座に彼らの姉妹の、二人の輝くばかりに美しい娘たちが座っていた。挨拶をすませたエクセルテグが、一座の人々が困惑した様子をしているのをいぶかり、その理由を尋ねると、ドンベッテュルの息子たちは口を揃えて、彼らの姉妹たちが夜ごと連れ立ってナルトの果樹園を荒らしに行っていたこと、そして昨夜ついにその一人のゼラセが、ナルトのエクサルとエクセルテグの射た矢にあたり、傷を受けて帰ってきたことを説明した。そしてエクサルとエクセルテグを呪って、「あの二人が互いに剣で殺し合えばよいものを」と叫んだ。

エクセルテグが、ゼラセの傷を治す手立てはないのか、また首尾よく彼女を治療したものには、どんな報酬が与えられるのかと尋ねると、ゼラセの兄弟たちは、彼女の傷から流れ出た血を集めてきて、吹きかけてやる以外に治療法はないが、傷を癒してくれるものにはゼラセを妻として与えようと答えた。そこでエクセルテグは、自分がゼラセに傷を負わせた当人であると打ち明け、彼女の血を携えてきているので、傷を治療しようと申し出た。

エクセルテグが病室に案内されてみると、ゼラセは姉妹たちよりもさらにいっそう立ち勝った、類まれな美少女であった。エクセルテグは欣喜《きんき》して、さっそく隠し持った血を取り出し、彼女の目ばゆい玉の肌に吹きかけてやると、傷はたちまち跡形もなく癒え、ゼラセは寝台からはね起きた。

エクセルテグはゼラセと結婚し、しばらくは、海底で夢のように幸せな日々を過ごした。しかしある日のこと、彼は突然、海岸に残してきた兄のことを思い出し、ゼラセに向かって、自分はすぐ陸に上がって兄を探し、いっしょに父のいる家に帰らねばならないといった。するとゼラセは、自分も夫に同行すると答え、頭から黄金の髪の毛を一筋引き抜くと、それを用いて自分と夫を二匹の大魚に変身させ、二人は連れ立って海面に浮かんでいった。

エクセルテグとゼラセが岸に上がってみると、そこには一軒の見慣れぬ小屋があった。それはエクサルが弟の帰りを待つために建てたものであった。エクサルは森に食糧にするための獲物を狩りに行っていて、留守であったが、ゼラセはこの小屋が気に入って中に入って座り、しばらくはその場を動きたくないといったので、エクセルテグは彼女を残して、兄を探しに森の中に入って行った。

エクセルテグが出て行ったのと入れ違いに、エクサルが狩から帰ってきた。エクセルテグと二滴の水滴のように生き写しのエクサルが小屋に入ってくるのをみて、ゼラセは、てっきり夫が帰ってきたものと思いこんで近寄った。しかしエクサルは、この見知らぬ美女が自分に対して示すなれなれしい態度をみて、すぐに彼女が、弟が海底から連れ帰った妻であると察し、何も言わずに彼女から遠ざかった。ゼラセはこれをみて、夫が、水界より同伴してきた異族の自分を迷惑に思って知らぬ振りをしているものと思い、憤慨した。夜になると、エクサルは自分の外套を脱いで床に敷くと、その上にゼラセを寝かせ、上からエクセルテグが残して行った外套をかけてやったので、この優しいふるまいによってゼラセの心もいくぶんかなごみかけた。ところがその後でエクサルは、眠っているあいだに自分の身体が義妹に触れることのないように、二人のあいだに抜身の剣を置いたので、ゼラセはまた立腹し、起き上がって部屋の片隅に行くと、ふんまんやるかたない様子でそこに踞《うずくま》った。

そのとき、エクセルテグが小屋に入ってきた。彼は、小屋の中に兄がおり、しかもゼラセが美貌を悲しみに曇らせ、しどけない様子で片隅にうずくまっているのをみて、妻が兄から凌辱を受けたと早合点し、やにわに腰の短剣を引き抜いてエクサルを刺し殺した。しかしその後で、ゼラセから事情を説明されたエクセルテグは、自分が早まって、妻に対して一点非のうちどころのないふるまいをした兄を、殺害してしまったことを知った。彼は絶望のあまり、剣の柄を兄の死体の胸にあてると、その上に倒れ伏し心臓を剣で刺し貫いて、兄と折り重なったまま絶命した。こうしてエクサルとエクセルテグが、互いに刺し違えて死ぬようにというドンベッテュルの息子たちの呪咀《じゅそ》は、そのとおりに実現したのである。

ゼラセはこの後、ワステュルジという乱暴者の精霊をペテンにかけ、その助けを借りて兄弟の死骸を埋葬したうえで、いったんは海底の父母のもとに帰る。しかしながら彼女はこのときすでに、エクセルテグの胤《たね》によって懐妊していた。産期が近づくと、彼女は、生まれてくる子がナルトたちから一族の者として認知されるために、陸に上がってナルトの村に行き、自分が死んだエクセルテグの未亡人であることを告げると、亡夫の家の家畜小屋に入り、そこで双児の兄弟のウリュズメグとヘミュッを分娩した。このウリュズメグは、叙事詩の中で目立つ活躍をする勇士たちの大半が所属する戦士の家エクセルテッカテ（「エクセルテグの子孫たち」を意味する）家の家父長となり、同時に、ナルト一族全体の統領としての役割を果たすことになる人物である。

日本神話への影響

オセット人のナルト叙事詩の発端を構成しているこの物語は、つぎの諸点に関して、ホオリ（ヒコホホデミ）とトヨタマヒメの結婚を主題とする日本神話ときわめてよく似ている。

(1)オセット伝説においても、日本神話においても、主人公は双児の兄弟の弟のほうであり、かつ弓の名手であったとされている。
(2)どちらの話でも、この主人公は逃した獲物の跡を追って海底に行き、そこで海の支配者の娘と結婚している。
(3)その後、両話の主人公は、ともにしばらくのあいだ煌《きらび》やかな海神の館に逗留して、新妻と幸福な日々を過ごすが、
(4)そのうちに、ある日突然兄との約束を思い出して、陸上に帰り、
(5)兄とのあいだに争いを持つ。
(6)主人公の妻は、どちらの話でも、彼の胤によって懐妊した子を出産するために、わざわざ陸に上がってきており、

(7)こうして生まれた子は、日本では天皇家の、オセット伝説では首長的役割を果たす英雄の家系の始祖となったといわれている。

たしかに、日本の海幸彦・山幸彦神話には、第二章で述べたような南洋の釣針捜索型説話との顕著な類似が見られ、また第四章で述べたとおり、中国の江南地方からインドシナ、アッサムにかけての、東南アジア地域の伝承と共通する話素が多く含まれている。したがってこの神話が、江南地方よりわが国に流入した伝承の影響を強く受けており、かつ南洋の類話とも、何らかの親縁関係を持つことには、ほとんど疑問の余地がないだろう。

しかしながら、ここでわれわれが考察したこの神話とオセット伝説との類似も、これらにほとんど劣らぬほどいちじるしい。この点と関連して、特にわれわれの注意に値すると思われるのは、

(1)問題の日本神話が、天皇家の発祥したしだいを物語る王朝起源伝説であり、

(2)かつこの王朝起源伝説が、前述したように、天神と水の神の娘の結婚によって王家の始祖が誕生するというモチーフにおいて、明らかに日本の天皇家と同

様、天から降下した三種の神宝を保有していた、古代スキュタイの王家の起源伝説と符合している。

という事実である。このことを、オセット伝説が先に述べたように、スキュタイ人と同系統のアラン人の古伝承にさかのぼる話素を、多く保存することが確実であるという事実とも照らし合わせて考えれば、つぎのような推測が成り立つのではなかろうか。

(1)右に挙げたオセット伝説の内容は、イラン系遊牧民が古く所有していた王家の起源伝説の構造を、そうとう正確に保存している。

(2)日本のホオリ（ヒコホホデミ）とトヨタマヒメを主人公とする話は、このイラン系遊牧民の神話が、アルタイ系民族に受容され、朝鮮半島を経由して持ちこまれたものだが、

(3)日本で、釣針捜索のモチーフや、海と山の対立によって洪水が起こるという観想などを含んでいた南方起源の説話と結合し、その結果、われわれが『古事記』や『日本書紀』で読むような形をとるようになったのであろう。

3　ナルト叙事詩とギリシア神話

サタナの物語

ナルト叙事詩の中には、前節で取り上げたエクセルテッカテ家の起源を物語る話のほかにもまだ、日本神話と偶然の所産と思えぬほどよく似た説話が数多く見出される。それらの類似をすべて紹介することは、本書ではできないので、われわれはここで特につぎの事実に注目しておきたいと思うのである。それはナルト叙事詩中に、われわれが前に日本にまで影響がおよんでいる可能性を指摘したギリシア神話の要素の受容されていた痕跡が、かなり明瞭に見られるということである。

前節で問題にした説話の女主人公である海の支配者ドンベッテュルの娘のゼラセは、前述したように、ナルトの勇士エクセルテグの胤《たね》により、夫の死後に双児の兄弟ウリュズメグとヘミュツを生んだとされている。しかしながら、彼女には実はこれら二人の息子たちのほかに、一人の娘がある。これが叙事詩全体の中で、いわば中心的ともいえる役割を演じているサタナであり、彼女の誕生の顚末《てんまつ》は、つぎのようなすこぶる奇異なものであったと物語られている。

夫のエクセルテグが、海辺の小屋の中で双児の兄のエクサルとともに、前述したような不幸な死を遂げた後で、ゼラセは二体の死骸を前にして一晩中泣き明かした。夜明けになって、彼女が屍体を埋葬せねばならぬと思いながら、非力な女の身でどうやって墓穴を掘り、重いなきがらをその内に納めることができようかと思い悩んでいると、突然彼女の前に、いつも三本足の悍馬《かんば》に跨《また》がり、猛々《たけだけ》しい猟犬を連れて空中を駆けまわっている、ワステュルジという名の乱暴者の精霊が姿を現わした。このワステュルジは、かねてからゼラセの美貌に思いをかけていたのだが、今彼女が窮状に置かれているのをみて、日頃の欲望を遂げる絶好の機会が到来したと考え、空中から舞い降りてきたのであった。

彼はゼラセに向かって、彼女がもし自分と結婚してくれるならば、自分が兄弟の死骸を埋葬しようと申し出た。そしてゼラセが承諾すると、彼はただちに手に持っていた鞭で地面を叩いた。すると不思議にも地面に墓穴が開いたとみるまに、屍体はひとりでにその内に納まり、つぎの瞬間にはもう墓の上に立派な墓石が立ち、周囲には壮麗な白壁がめぐらされていた。

こうして埋葬がすんでしまうと、ゼラセは約束の履行を迫るワステュルジに向かって、汚れた身体を洗い浄めてくるからといって、彼をその場に待たしておき、海中に入ると、そのまま海底の父の館に帰っていってしまった。

ワステュルジは、期待に胸をときめかせながら待っていたが、いつになってもゼラセが戻ってこないので、ようやく彼女にだまされたことに気づいた。彼はゼラセに対して、呪咀の言葉を吐きながら、また三本足の悍馬の背に跨り、猟犬を連れて空中に昇っていった。

さてナルトの村で、ウリュズメグとヘミュツを分娩した後、ゼラセは息子たちといっしょに陸上で暮らしていたが、そのうちに彼女は病気になり、自分の死ぬときがきたことを知った。そこで彼女は、枕辺に息子たちを呼びよせ、彼らにつぎのように遺言した。

「わたしが死んだら、どうか三晩のあいだは、わたしの墓をよく見張っていて下さい。わたしには恐ろしい債権者があり、彼はきっと墓の中まで負債を取り立てにくるでしょうから」

母親が死に、その遺骸を埋めた後、最初の二晩はウリュズメグが見張りをつとめた。ところが三晩目にまた、彼が墓の番に出かけようとすると、ヘミュツが、その晩だけはどうしても自分が見張り役に立つと言い張り、ウリュズメグがとめるのをきかずに、武器を取って墓に行き、見張りの部署についた。

ワステュルジは、かねてからこの機会を待ち望んでいたのだった。ヘミュツが墓の番に立っていると、突然遠くから酒宴で人々が楽しげに歌い騒ぐ声が聞こえてきた。また別の方角からは、婚礼の祝いの物音が響いてきた。

ヘミュツは、

「死ぬまぎわの人間が言ったたわごとに従うなんてまっぴらだ。だれが今さら死んだ母を墓から引き出しにこようか」

とつぶやくと、自分も歓楽の仲間入りをするため、その場を立ち去って行ってしまった。ヘミュツが墓の側を離れたかと思うと、すぐに墓室の内が明るくなり、ワステュルジがもう中に入りこんでいた。彼が手に持っていた馬鞭でゼラセの遺体を打つと、亡骸《なきがら》は不思議にも生気を取り戻し、生前の七倍もの美しさに輝いた。ワステュルジは、この遺体にまず自分が存分に凌辱を加え、その後で自分の愛馬にもこれを犯させた。この二重の屍姦《しかん》によって、一年後に墓の中で一人の女児と一頭の仔馬がゼラセの遺体から誕生した。これらはウリュズメグによって、墓の中から取り出されて養育され、成長の後、女児は絶世の美女サタナとなり、仔馬はドゥルドゥルという名馬となった。

このサタナは、結局しぶる兄を強引に説得し、近親婚のタブーをあえて犯して、ウリュズメグの妻になる。そして前述したように、彼女はナルト叙事詩の全体を通じて、中心的といって過言でないほど重要な役割を演じ、一族の者が危地に陥るたびに、不思議な魔力を発揮してこれを助けているのである。彼女とその母親のゼラセは、ともにイラン系遊牧民に崇敬されていた水界と結びつきの深い大女神が、叙事詩伝説の中で半神的女性（あるいは女精）に変化したものと思われる。

ゼラセが墓の中でワステュルジとその馬によってつぎつぎに犯され、その結果、彼女から双児の子としてサタナと馬が生まれるという話は、前にわれわれが類似を問題にした、デメテルとポセイドンを主人公とするギリシア神話、およびアマテラスとスサノオを主人公とする日本神話の双方と、明らかによく似ている。女神的存在が、乱暴者の男神的存在と馬に犯され、子として女神的存在と馬が生まれているという内容において、この話は特に、デメテルが馬に変身したポセイドンに操を汚され、その結果、一柱の大女神と一頭の神馬が分娩されたというギリシア神話と、いちじるしく近似しているといえよう。

ナルト叙事詩とオルペウス神話

日本神話との特異な類似に、われわれが注目したもう一つのギリシア神話は、オルペウスの冥府行きを主題とするものであった。ナルト叙事詩の中には、われわれが前にオルペウス型神話に与えた、「死んだ妻を上界に連れ戻すため、冥府を訪問した男の冒険を主題とする話」という定義と正確に合致する話は見られぬようである。しかしながら、オルペウス神話の影響がイラン系遊牧民のあいだにまで強くおよんでいた痕跡は、この叙事詩伝説中につぎのような形で、明らかにみて取れると思われるのである。

ナルト叙事詩中には、英雄の冥府訪問を主題とする二篇の説話があり、その主人公はいずれもナルトのソスランである。一方の話では、ソスランは彼が遠征に出かけた留守のあいだに、ナルトたちによって冥府に投げこまれた母のサタナを救出するために死者の国に赴《おもむ》き、冥府の王バラステュルの許可を得て、母を上界に連れ帰ることに成功したとされている。もう一方の話では、彼はオルペウスやイザナギと同様、冥府に亡妻を訪問したとされているが、この時のソスランの冥府訪問の目的は、死んだ妻を生き返らせることではなく、太陽の娘と結婚するため、亡妻の助けを借りることであった。

しかしながら、この話には、主人公が冥府で与えられた禁令を守らなかったために、不幸な目に遭ったという、オルペウスとイザナギの話に共通する、前述した禁忌の話根とよく似たモチーフが含まれている。

ソスランは、冥府を出発する前に亡妻から、帰途になにを見ようとも、けっしてそれに手を触れぬようにと、注意された。彼は、最初のうちはこの注意を守って、まず道の上に黄金の山を、つぎに黄金のきつねの尻尾を見ても、それらに眼もくれずに通り過ぎた。しかし最後に古ぼけた帽子を見つけると、

「これまでどんな宝物にも手を触れずにきたのだから、こんなつまらぬ物の一つぐらい拾っても何ということもあるまい。こんな古帽子でも家に持ち帰って女たちにやれば、石臼を磨く雑巾《ぞうきん》の役ぐらいにはたつだろう」

とつぶやき、拾い上げて帯のあいだに挟んだ。

彼はそのまま道を急いだが、ナルトの村の近くまでくると、疲れて一休みすることにした。そして馬を木につなぎ、鞍を外してやると、彼は突然気まぐれを起こし、この愛馬に向かって、

「お前の急所はどこか、すぐにいえ。いわぬと痛い目に遭わすぞ」

といって問いただしはじめた。馬は最初はなかなか答えようとしなかったが、ソスランが怒って激しく打ったために、ついにしぶしぶ口を開き、「わたしを殺す唯一の方法は、蹄の裏側を下から上へ突き通すことです。それ以外のやり方では、わたしを殺すことは絶対にできません。ソスランよ、ではあなたの急所はいったいどこにあるのですか」といった。ソスランが、「わたしの身体はすべて鋼鉄だが、ただ膝の部分だけが普通の肉でできている。だからバルセグの車輪がひざに当たれば私は死ぬ。それ以外の方法ではわたしを殺すことは絶対にできない」と答えると、馬は、「神があなたの過失を許したまうように。あなたは、わたしとあなたを破滅させたのです。あなたがさっき拾われた帽子が、今どこにあるか探してごらんなさい。あれはゲテグの息子の、ずる賢いシュルドンだったのです」といった。

ソスランはあわてて帯のあいだをあらためてみたが、いわれたとおり、古帽子はいつのま

にかなくなっていた。こうして彼は、冥府で与えられた亡妻の注意を最後まで守らなかったために、変身して彼の帰りを待ち伏せていた、ずるいシュルドンに、自分と自分の馬の弱点を知られてしまう破目に陥ったのである。そしてこのことは、結局彼の死の原因となる。

ここで問題にしているソスランの冥府訪問の話に関して、われわれの注意をひくもう一つの点は、主人公のソスランが、死者の国に亡妻を訪ねるというオルペウス型に近いモチーフを含むこの話の中でだけ、例外的に、ギリシア神話のオルペウスを髣髴《ほうふつ》させるような、霊妙な魔力をもつ音楽の奏者として、再度にわたり描写されていることである。

タマンのスキュタイ墳墓から出た衣服の黄金の飾り板に描かれたペルセポネ

ソスランのこの冥府訪問の目的は、前述したように、太陽の娘と結婚するための助けを亡妻に求めることであった。

彼はあるとき、一頭の不思議な鹿の跡を追っていくうちに、太陽の娘の住む城に行き着き、そこで自分がこの美女の婚約者として定められた人物であることを知らされた。しかしそれと同時に、彼は結婚の条件として、いくつかの難題を課された。そしてその一つの、冥府に生える樹の葉を獲得するという課題を果たすために、彼は亡妻の助けを得ようとして、死者の国を訪問したとされている。

ところで、この太陽の娘の住居に足を踏み入れたときに、ソスランはフェンデュルという二絃の楽器を奏で、妙《たえ》なる楽《がく》の音《ね》を鳴り響かせた。するとこの音楽に誘われて、野の獣や空の鳥が、彼の周囲に集まって演奏に耳を傾け、城の壁までが踊り出し、遠くの山々もこだまを返して伴奏をつとめたと物語られている。

また太陽の娘との結婚の条件として、彼に要求されたことの中には、百頭の鹿と、百頭の野生の山羊《やぎ》と、百頭のその他の野獣と、すべてで三百頭の獣を集めて引き渡すという課題が含まれていたが、これを果たすために、彼は冥府から帰還した後に、野獣の主《ぬし》のエフサティから笛を借り受け、これを吹き鳴らすと、その音楽につられて三百頭の獣が、たちまちのうちに集まったといわれる。

冥府訪問を中間に挟むこの二つの場面でのソスランは、明らかに霊妙な音楽の力で、野獣や木石をも感動させたといわれる、ギリシア神話のオルペウスと酷似している。絃楽器をかき鳴らして、鳥獣や壁や山にまで反応を起こさせたという最初の場面

における その類似の度合いは、ことにいちじるしいといえよう。
　このように、ナルト叙事詩のソスラン伝説の中には、その原形であったステップ地域のイラン系遊牧民の古神話に流入していたと考えられる、ギリシアのオルペウス神話の影響の痕跡が、かなりの変容を蒙りながらも、種々の形で明瞭に保存されていると思われるのである。

4　ナルト叙事詩と朝鮮

ギリシア神話の影響

　前節で述べたように、イラン系遊牧民の神話に遡る要素を多く保存していることが、種々の点からみて、確実と考えられるオセット人のナルト叙事詩の中には、ギリシア神話からの影響の受容された痕跡が、かなり明瞭に認められる。このことは、イラン系遊牧民の神話がアルタイ系遊牧民に媒介され、朝鮮半島を経て日本にまで持ちこまれた結果、日本神話の中に、ギリシアなど印欧語系諸民族の神話と共通する要素が入りこんでいるという、大林太良氏と筆者が主張してきた仮説に、有力な裏付けを与えるといってもよいであろう。

しかもナルト叙事詩は、右に述べたような影響が、わが国にまで伝播した経路にあたったと思われる、朝鮮の神話とも奇妙な類似点を数多く含む。また朝鮮神話が、日本神話の建国伝説的部分ときわめてよく類似した構成をもつということは、前述したように、すでに三品彰英により綿密に分析されているが、三品はこれと同時にまた、朝鮮神話にギリシア神話とよく似たモチーフが見出されることにもすでに注意していた。そしてこの朝鮮神話中に類似点が見出されるギリシア神話の中には、われわれが日本神話との類似に注目したデメテルを主人公とする神話が含まれるのである。

本章のはじめに述べたように、ここでは朝鮮神話の問題を全体的に取り扱うことは差し控えるが、以下において特に高句麗の神話の中に、日本にまで伝播したと目されるスキュタイおよびギリシアの神話の影響の痕跡がどのような形で見出されるか、検討を加えてみたいと思う。

高句麗の建国神話

高句麗《こうくり》の始祖・東明王朱蒙《しゅもう》の母は、神話によれば、青河《せいが》の河の神の娘の柳花《りゅうか》で、彼女はつぎのようにして、天より降下してきた天帝の太子と結婚したといわれる。

天帝の太子解慕漱《かいぼそう》は、父の命により扶余《ふよ》（松花江流域）王の旧都に降ることになり、自分は五竜車《ごりゅうしゃ》に乗り、百余人の従者を伴って熊心《ゆうしん》山上に降下した。彼は頭に鳥の羽の冠を戴き、腰には竜光の剣を帯び、毎朝、天から降りてきて政事を聴いては、夕方にまた天上に帰って行った。これが世にいう「天王郎《てんのうろう》」である。

そのころ、城の北を流れる青河の河の神に三人の娘があったが、天王郎はある日、容姿艶麗なこの姉妹たちが、青河から出て、熊心淵のほとりで遊びたわむれているのをみて、左右の者に、「彼女らを妃として子を得たいものだ」といった。しかし河の神の娘たちは、天王郎の姿を見ると、あわてでまた水中に姿を消してしまった。天王郎が落胆していると、左右の者が彼に、

「大王様、どうして宮殿を造り、あの女たちが中に入ったところで、戸を閉めておしまいにならないのですか」

と進言した。天王郎はうなずいて、さっそく手に持っていた鞭で地面に画くと、たちまち銅室ができ、壮麗な宮殿が空中にそそり立った。天王郎はこの部屋の内に席を設け、樽酒を置いて、河の神の娘たちを招待して宴を張り、彼女たちが酔ったところを見すまして、突然出口を遮り捕らえようとした。娘たちは驚いて逃げ去ったが、長女の柳花だけは逃げきれず、天王郎に摑まってしまった。

河底に逃げ帰ってきた二人の娘たちからこのできごとを聞いた河の神は、たいそう怒ってすぐに天王郎のもとに使者を送り、「あなたはいったい何者ですか。なぜわたしの娘を引き

止めて返さぬのですか」と抗議させた。天王郎はこれに対して、「自分は天帝の子であり、この乙女と結婚したいのです」と返答すると、河の神はまた使者を介して、「あなたが本当に天帝の子ならば、なぜわたしに娘との結婚を正式に申しこまず、いきなり娘を捕らえるような失礼なふるまいをされたのですか」と非難させた。天王郎は自分の行ないを深く恥じ、結婚の申しこみをするため、河の神のところに行こうと決心した。

彼は、天から五竜車を呼びおろし、柳花とともにこれに乗って風雲を起こしながら河の神の宮殿に到着した。河の神は天王郎をていねいに内に招き入れ、座に着かせると、彼に「天帝の子であるといわれるあなたは、それを証明するような神異《しんい》を示すことができますか」と尋ねた。そして天王郎が、「どうぞ存分にお試し下さい」というと、河の神はたちまち一尾の鯉《こい》と化して、池の波間を泳いでみせた。すると天王郎はすかさず獺《かわうそ》に変身してこの鯉を捕らえた。つぎに河の神は鹿となって走って逃げたが、天王郎は豺《やまいぬ》になってこれを追い、最後に河の神が雉《きじ》になって空に舞い上がると、天王郎は鷹となってこれを攻撃したので、河の神もついに天王郎がほんとうの天帝の子であると知り、娘と正式に結婚させた。そして祝宴を催し、天王郎に七日たたねば酔いが醒めぬ酒を勧め、彼を大酔させておいて、酔いつぶれた天王郎を柳花とともに小さな革の輿に入れ、竜車に乗せて昇天させようとした。

しかし竜車がまだ水の外に出ぬうちに、天王郎は酔いから醒めた。そして柳花が頭に挿していた黄金のかんざしを取って、輿に穴をあけ、そこから一人で天に昇っていってしまった。

河の神は、柳花が自分の教えに従わず、家名を辱しめたといって激怒した。そして左右の者に命じて、彼女の唇をしばって三尺もの長さに引きのばさせ、奴婢《ぬひ》二人だけをつけて、太《たい》伯山《はくざん》の南にある優渤水《ゆうぼっすい》という沢に追いやってしまった。

あるとき、この沢で魚を捕って暮らしをたてていた扶鄒《ふすう》という名の漁師が、東扶余の国王の金蛙《きんあ》に、「ちかごろ梁《やな》の中の魚を盗む者があるのですが、なんの獣かわからず困惑しております」といって訴えにきた。金蛙はそこで漁師たちに命じ網を引かせて、この魚泥棒を捕らえさせようとしたが、網を破られたので、つぎには鉄の網を使ってようやくこれを捕らえ、引き上げてみると、網の中から石の上に座った女が現われた。この女は唇が長くて、ものをいうことができなかったが、金蛙が部下に命じて唇を三たびにわたって切らせると、ようやく口がきけるようになり、自分は天帝の子の妃であると名のった。

金蛙は彼女を別宮に連れていかせ、部屋の中に幽閉しておいた。ところが彼女は窓から差しこむ日の光によって懐妊して、やがて左脇から五升もの大きさの卵を生み落とした。金蛙は、人間の女が鳥の卵を生むのは不祥であると考え、この卵を馬場に捨てさせたが、たくさんの馬のどれもこれを踏みつぶさなかった。また山奥に捨ててみたところが、百獣がこぞってこれを護り、それればかりか、空が曇っているときにも、この卵の上にだけは常に日光があった。しかたなく卵を母に送り返して養わせたところ、やがてこれが開いて生まれたのが朱《しゅ》蒙《もう》であり、彼は生まれながらにして体格がすぐれ、泣き声もなみはずれて大きかった。そして一月もたたぬうちに、一人前に話ができるようになり、母に向かって、「蝿が目にたかってうるさくて眠ることができませんので、どうかわたしに弓矢を作って下さい」といった。母がいばらの木で弓矢を作って与えると、朱蒙は紡車の上にとまっている蠅を射て、百発百中射殺した。

朱蒙伝説とナルト叙事詩

この高句麗の建国神話の発端をなす物語は、三品彰英によってすでに指摘されているように、明らかに日本の天孫降臨神話や、ホオリ（ヒコホホデミ）とトヨタマヒメの結婚により天皇家の祖先のウガヤフキアエズが生まれる話と、全体的にきわめてよく似た内容をもつ。しかもこの朱蒙伝説には、朱蒙が扶余を離れ高句麗の建国に行く途中で、亀の助けによって河を無事に渡ることができたという話もみられ、これは江上波夫氏らによって指摘されているように、神武が建国に赴く途中で、亀の背に乗って出現したシイネツヒコの助けによって、海を渡ることができたという、神武東征神話中のエピソードと類似している。このように高句麗の建国伝説には、日本神話の中の建国伝説的部分と共通点が多くみられ、後者が前者から何らかの影響を受けたことは、ほとんど確実と考えられるのである。

ところで、朱蒙伝説は、前述したオセットの伝説とも多くの類似点を有する。まず、天王郎が河底の河の神の宮殿に赴き、そこで河の神の娘の絶世の美女、柳花と結婚し、その結果柳花が後にまた陸に上がってきて、王家の始祖となる男児を生んだという話が、全体としてウガヤフキアエズの誕生譚と類似している一方でまた、ナルト叙事詩のエクセルテグとゼラセの結婚の話ともよく似かよっているということは、一読して明らかであろう。朱蒙伝説は、この他にもさらに、つぎにあげるようないくつかの細目に関しても、ゼラセを主人公とするオセットの話と、奇妙な類似を示す。

(1)高句麗伝説の柳花とオセット伝説のゼラセは、いずれも三姉妹の一人であり、三姉妹がいっしょに陸上にきたところを、柳花は天王郎に一人だけ捕らえられ、ゼラセはエクセルテグに一人だけ矢傷を負わせられている。

(2)天王郎が柳花と結婚するために、鞭を使い、魔術を行使して、たちまちのうちにその場に宮殿を出現させたという話は、ワステュルジが、ゼラセに求婚するため鞭を振って、またたくまに立派な墓を建てたというナルト叙事詩中の話と似ている。

(3)柳花から生まれた朱蒙は、弓の名人であったとされているが、ゼラセの双児の息子のウリュズメグとヘミュツも、幼時からすでに並ぶ者のないほどの弓の名手であった。彼らは弓矢を玩具として遊ぶことのできるほどの年ごろになると、この遊戯を何よりも愛好し、暇があればこれに耽っていたが、そのおりに彼らの立てる矢音は、耳を聾《ろう》するばかりであり、そのため彼らがこの遊びを始めると、ナルトたちはみな家に入り、戸を固く鎖《とざ》したという。あるとき、彼らが弓矢遊びをしているところへ、一人の娘がうっかり水汲みに出てきた。するとこれを見たヘミュツは、さっそく彼女に矢を射かけ、身体にはかすり傷一つ負わせずに彼女が持っていた水瓶《みずがめ》を粉々に砕き、身にまとっていた衣服をずたずたに引き裂いてしまった。かわいそうな娘は、あられもない恰好にされて泣きながら家に逃げ帰ったといわれる。

母神伝説

朱蒙伝説にはまた、つぎのような興味ぶかい話も含まれている。

朱蒙が扶余の国を去り、高句麗の建国に出発しようとしたとき、母の柳花は彼に、五穀の種子を包んだ包みを与えた。しかし朱蒙は母と別れる悲しみに取りまぎれて、つい麦の種子だけを忘れて旅立ってしまった。

朱蒙が旅の途中で、ある大樹の下で休息していると、そこに二羽の鳩が飛んできたので、彼は「これは母の女神が、わたしに麦の種子を送らせたのに違いない」といって、弓で射ると、一本の矢で二羽とも射落とすことができた。鳩の喉を開いてみると、案のじょう麦の種子がみつかった。朱蒙がその後で鳩に水をふきかけてやると、二羽ともに蘇生し、元気にまた飛び去っていった。

この、朱蒙が建国に出発するに際して、母の女神から穀物の種子を与えられたという話が、デメテルがトリプトレモスに麦の種子を授けたというギリシア神話、およびアマテラスが愛児に稲穂を授けて地上に支配者として降臨させたという日本神話と相似していることは、すでに三品彰英によっても注目されていた。ところで、このように、ギリシアおよび日本の神話と類似点を有するこの高句麗の説話は、別の点ではまたオセットのナルト叙事詩とも、共通した話素を含んでいると思われるのである。

朱蒙の母柳花が、多くの点でナルト叙事詩のゼラセと似ていることは前述したとおりだが、このゼラセは、前に紹介した話の冒頭において、姉妹たちとともに三羽の鳩になって飛来して、樹の枝にとまったところを、その樹の根方にいた弓の名人であるエクセルテッカテ家の名祖のエクセルテグによって矢を射当てられ、その後で同じエクセルテグによって、自分の傷から滴《したた》り落ちた血をふきかけられて、瀕死の状態から蘇生したと物語られている。これは柳花が、三品の解釈に従えば、彼女の「別態」であったとみられる二羽の鳩を、高句麗王家の始祖の弓の名人である朱蒙が大樹の根方にいるところへ飛来させ、朱蒙はこの鳩を射落とし、その後で水をふきかけてこれを生き返らせたという話と、きわめてよく似ている。

朱蒙の母柳花に関して、三品はさらにまた、彼女が高句麗の「祖母神」として、都の東方にあった水辺の洞窟に奉祀されていたことに注目し、これがパウサニアスの記述によってわれわれに知られている、アルカディアにおけるデメテルの祭祀の様態と酷似していると指摘している。

本章の第一節で紹介したアルカディアのデメテル神話において、デメテルがポセイドンに犯された後で、怒って身を隠したといわれる洞穴は、エライオン山中にあったとされているが、この洞穴はデメテルの聖所とされ、その奥には怒りの形相をとった女神を表わした木彫の像が祭られていたという。この像は、パウサニアスが当地を訪れたときにはすでに焼失していたが、彼が土地の人々から聞いて記しているところによれば、身体は人間の女性の姿をしていたが、頭は馬形で、その頭からさらに蛇や、その他の野獣の像が生え出ていた。そしてこの女神像は、片手に海豚《いるか》を持ち、もう一方の手には、一羽の鳩を持っていたという。

三品はさらに、この高句麗にあった岩屋の内に祭られた母神の祭祀が、朝鮮の後代の民間信仰においては、観音の聖所とされる岩屋という形に変化しながら、連綿として持続していることに注意している。このような観音の聖窟の典型的な例の一つは、襄陽《じょうよう》の五峰山洛山寺《ごほうざんらくさんじ》の東方にあり、「観音大士所住の処」と信じられた海辺の岩窟だが、この岩屋の前にきて、至誠をもって礼拝する者には、青鳥（＝鳩）の出現するのが見られたという。

第六章　日本神界の三機能的構造

1　三種の機能と日本神界の構造

日本神話のイデオロギー

前章においてわれわれは、日本の神話が、一方においてギリシア神話と、また他方においてスキュタイの神話およびオセットのナルト叙事詩と顕著な類似点を多く持つことをみた。そして、これら日本にまで影響を及ぼしたと見られるギリシアおよびスキュタイ系民族の神話の要素を受容した痕跡が、伝播の経路に当たったと思われる朝鮮の神話の中にも見出されることを、高句麗の朱蒙神話について考察した。イラン系遊牧民の神話が、アルタイ系民族によって媒介され、朝鮮半島を経由して日本に流入した結果、日本神話の中に印欧語系諸民族の神話と共通する要素が含まれているという、大林太良氏と筆者が提唱してきた仮説は、このような具体的な事実によって、裏付けられるのである。

ところで、日本神話と印欧語系諸民族の神話のあいだには、実はこのように個別的説話や話素などについて顕著な類似が見られるだけでなく、神話中に表現されている世界観および神話をまとめあげるために用いられている構造に関しても、細部にまでわたってほぼ正確な一致が見られる。言いかえれば、日本神話は、本書の中でこれまで述べてきたように、起源および伝播の時期を異にする種々の要素を含むと考えられるが、それらを一個の統一ある全体に組織しているイデオロギーそれ自体は、右に述べたような経路でわが国にもたらされた、印欧的神話体系に所属するものであったと思われるのである。

五部神の役割

前章の第二節においてわれわれは、日本の三種の神器と、古代スキュタイの王家に伝承されていた三点の天来の聖宝とのあいだに、それらがいずれも、(1)宗教＝神聖王権、(2)軍事＝戦闘、(3)農業＝食糧生産という、三種類の社会的機能を象徴する品から成り立っているという点でも、符合が見られることを考察した。ところで日本神話の中には、明らかにこの三種の神器が表わすと考えられる三種類の社会的機能が肝要なものであると見なす考えと、社会は本来これらの三機能を分担する、⑴祭司＝主権者、⑵戦士、⑶食糧生産者＝庶民という三種類の人々によって構成されるべきであると見なす観念が表明されている。

日本神話の構想する、天皇家の支配下にこの国の建設される社会のあるべき姿は、天孫降臨神話の中に呈示されている。すなわちこの神話によれば、天孫ニニギの命が瑞穂《みずほ》の国の統治者として地上に下されたおりに、一群の天神たちが随伴し、天皇家の主権の行使のために枢要《すうよう》な機能を果たす諸氏族の始祖となったとされている。この天孫降臨に随従したという天神の集団が、天皇とともにこの国の国土と土着の庶民たちの上に君臨すべき支配層の、神話的モデルを示したものであることは明らかであろう。

ところでこの天孫降臨に随伴した神として、『古事記』と『日本書紀』に共通して名をあげられているのは、すべてで七柱である。『古事記』の天孫降臨のくだりには、これらの七神のほかにもなお二、三の神名があげられているが、この箇所でも重要氏族の上祖となったことが記されているのは、この七神のみであるので、これらが降臨神集団の主なメンバーを構成した神格と見なされていたことは、明らかと思われるのである。そしてこのうち、アメノコヤネ、フトダマ、アメノウズメ、イシコリドメ、タマノオヤの五神は、五部神《いつとものおのかみ》もしくは五伴緒《いつとものお》として一括され、天孫を親衛するグループを形成しているのに対し、アメノオシヒとアマツクメの二神は、『古事記』に、「かれここに天の忍日《おしひ》の命天つ久米の命二人、天の石靫《いはゆき》を取り負ひ、頭椎《くぶつち》の大刀を取り佩《は》き、天の波士《はじ》弓を取り持ち、天の真鹿児《まかご》矢を手挟み、御前《みさき》に立ちて仕へまつりき」と言われているように、降臨に先駆する前衛のグループを成したことが記述されている。五部神は言うまでもなく、天の岩屋の祭事においてそれぞれ重要な役割を演じた神々だが、彼らからは、アメノコヤネから中臣《なかとみ》、フトダマから忌部《いんべ》、アメノウズメから猿女《さるめ》、イシコリドメから鏡作《かがみつくり》、タマノオヤから玉作《たまつくり》という、祭司ならびにその監督のもとに祭具の製造にあたる諸氏族が出自したとされている。これに対してアメノオシヒとアマツクメは、前者は大伴《おおとも》、後者は久米《くめ》という、武人の族の始祖となったとされているのである。

　天孫降臨神話に示されている日本の支配者層の神話的モデルは、このように一方で主権者（＝ニニギ）を囲繞《いじょう》する、祭司およびそれに付随する機能を果たす神々のグループと、他方で戦士的機能を果たす武神たちとから成り立っている。言いかえれば日本神話のこの箇所においては、はっきりと、社会が主権者＝祭司と戦士との二部分から成る高貴な出自の支配層が、国土に土着し食糧と富の生産に従事する庶民の上に君臨するという形をとって構成されるべきであると見るイデオロギーが、表明されていると思われるのである。

天神地祇が意味するもの

このように、⑴主権者＝祭司、⑵戦士、⑶食糧生産者＝庶民を、社会を構成する肝心な要素と見なす観念は、日本の神界の構造にも明らかに反映している。

日本の神々は周知のように、古来、⑴天津神《あまつかみ》（天神《てんじん》）と、⑵国津神《くにつかみ》（地祇《ちぎ》）との二種類に大別されると考えられ、天神地祇という神々の全体を総称する呼び方が、上代以来慣用されてきた。ところでこの伝統的な神の分類は、大林太良氏によって明らかにされているように、右の人間社会に存在すると見なされていた職能による身分の区別を、そのまま神界に投影させたものと考えられる。

すなわち神話に登場する主要な天神には、まずアマテラスをはじめタカミムスビ、カミムスビなど、高天原より世界を統治する主権者的性格の至高神があることは言うまでもないが、このほか高天原を舞台に展開する神話の中で目ざましい活躍をする天神としては、天の岩屋の場面において、祭の準備と執行のためにそれぞれが重要な役割を果たしている五部神と、オモイカネ、アメノタヂカラオなどの神々がある。そしてこれらの神々は、天孫降臨の場面においては、彼らとは明らかに別種の武神的性格の天神たちを前衛としながら、主権者の天孫と共に地上に下ったとされているのである。またこのほかに神話の中で重要な働きをしている天神に、国譲りと神武東征の話に登場するタケミカズチがあり、彼の父親とされるアメノオハバリや、『日本書紀』によれば国譲りのおりに彼とともに高天原からの最後の使者として出雲《いずも》に派遣されたと言われるフツヌシなどとともに、高天原に常住する刀剣を神格化した軍神の種族を構成している。

神話中における活躍を通して、その性質を多少でもうかがい知ることのできる天神のグループは、このように、一方で主権神およびこれに直属する祭司的機能の神々と、他方、これらとは明らかに別種の神格として示されている武神たちとから成り立っている。これに対して国津神と呼ばれる神々の主たる働きは、明らかに国土に土着し、「土地の主」として振舞いながら、支配者を扶養するための生産の場として観念された——このことは「食国《おすくに》」という表現などからも明らかであろう——「クニ」から、食糧と富を生み出すことにある。

天神地祇という分類は、このように神々をその担当する機能によって、⑴主権＝祭祀と、⑵軍事との、二種類の支配者的機能を掌握する天神と、⑶被支配者的な食糧生産の機能を果たす地神とに分類したものであり、しかも天神集団の内部にはさらに、⑴主権＝祭祀的機能の神々と、⑵軍事的機能の神々とが区別されていたことが、神話の記述を通してはっきりとうかがわれる。この神界の構造は、明らかに、右に述べた人間社会の理想的構成に関して日本神話が表明しているイデオロギーを、正確に反映したものと言えるであろう。

日本神話の神界が、人間社会の理想的構成について神話が抱いていた観念を反映し、三種類の社会的機能を分担する神々によって構成されると見なされていたことは、またつぎの事実からもうかがうことができる。

三大神の性格

日本神話の中心的部分は、一般に「高天原神話」および「出雲神話」と呼び慣らわされてきた、高天原と出雲を主たる舞台として展開する神話から成り立っている。この部分に先立って、言うまでもなく、イザナギとイザナミを主人公とする「国生み神話」がある。またこの部分の後には、日向《ひむか》に住んだとされる三代の天皇家の先祖たちの事績を物語る、いわゆる「日向《ひゅうが》神話」があり、さらにその後に「神武東征」の神話が続く。しかしながら、このうちの前者の「イザナギ・イザナミ神話」は、後にくる神話の舞台となる世界と、その中で活動する神々とがどのようにして生成したかを述べたものであり、いわば日本神話の序章的部分を形成している。また「日向神話」と「神武東征神話」は、一般に神話の一部として取り扱われているが、その中で主役として活躍しているのはもはや純粋な神々ではなく、人間の仲間入りをすることによって人類共通の死の運命を担わされた、半神的英雄たちである。日本神話のこの部分は、したがって、世界の学界で普通行なわれている、いっそう厳密な用語法を適用すれば、神話よりはむしろ英雄伝説の範疇《はんちゅう》に含められる話から成り立っている。

このように、一方でもっぱら創造神としてのみ機能し、宇宙の結構が整えられた後の神話には全然登場しなくなる始原神たちを主役とする序章的部分と、他方では神話より英雄伝説の部類に属する話から成る後章的部分との中間にあって、現在世界を支配すると見なされている神々の活動を述べた、日本神話のいわば中核部と言える部分を構成しているのは、高天原と出雲を舞台とする諸神話である。ところで日本神話のこの部分は、明らかに、アマテラス、スサノオ、オオクニヌシという三柱の有力神を、主人公としているといえよう。

すなわちまず、この部分の劈頭《へきとう》におかれた高天原を舞台とする神話は、スサノオの天界訪問にはじまり、アマテラスとスサノオ両神の誓約による子生み、アマテラスに対するスサノオの乱暴、アマテラスの岩戸籠りなどの話を経て、スサノオの天界よりの追放によって終結しており、アマテラスとスサノオの天界における対決を、一貫した主題としている。つぎに天を追われたスサノオが、出雲に降ることによって、いわゆる出雲神話の幕が開くが、この部分の前半の主人公は、言うまでもなく、大蛇を退治しクシナダヒメと結婚して、オオクニヌシに至る国津神の神統を開くスサノオであり、後半部では主役はオオクニヌシと交代する。そしてこのオオクニヌシは、彼の主要な業績である国土造営の事業に取りかかる前に、根の国の主となったスサノオのもとに逗留し、この神から種々の厳しい試練を課せられており、「国造り」の事業が完成した後には、いわゆる「国譲り」の過程において、国津神の統領として高天原の主宰者アマテラスと国土の統治権をめぐって確執している。

アマテラス・スサノオ・オオクニヌシは、このように日本神話の基幹部において、(1)アマテラス対スサノオ、(2)スサノオ対オオクニヌシ、(3)オオクニヌシ対アマテラスという順序で、相互に劇的に対決しながら、主役として活躍している。これら三柱の大神たちは、明らかに日本神話の中の三大主神格と認められる存在であるといえよう(次ページ表参照)。

ところで、このように日本神話の中でいわば主神格のトリオを構成していると見ら

	支配者的機能		被支配者的機能
	主権・祭祀	軍　事	生　産
天孫降臨神話に表現された人間社会の理想的構成	主権者(天皇)＝天孫の子孫 ＋ 祭司と祭具製作者(中臣・忌部・猿女・鏡作・玉作)＝天の岩屋の祭事で活躍した五部神の子孫	戦士(大伴・久米)＝降臨の先駆をつとめた武神たちの子孫	庶民＝天神に国土の支配権を譲った国津神たちの子孫
神話の主役の三大神	アマテラス	スサノオ	オオクニヌシ
三種の神器	鏡	剣	玉

日本神話における三機能的体系の表現

れる三柱の有力神の、神話に描写された性格と機能をたがいに対比させてみると、まずアマテラスは言うまでもなく、天上の王権を保有し、最後にはオオクニヌシを屈服させて、天皇家を通して地上にもその支配権を及ぼす、宇宙の支配者であり、人間界における王の役割と対応する機能を果たす神格である。この女神はまた、スサノオの乱暴に関する神話の中では、「忌服《いみはた》屋《や》で神御衣《かむみそ》を織らせ」また「大嘗《おほにへ》を聞《きこ》しめす」など、祭事の準備と執行にもたずさわったことが物語られており、天上の祭司としての一面を有していたことがうかがわれる。つぎにスサノオは、すさまじい暴力と激情的性格を特徴とする武神であり、最後にオオクニヌシは、土地の主であると同時に農業の守護神でもあり、生産機能をつかさどる豊穣神として定義することができる。

日本神話の三大主神格と認められる神々は、このようにそれぞれ、⑴王＝祭司と、⑵戦士と、⑶食糧生産者との働きに対応する機能を、宇宙的規模において分担掌握している。つまり、これら三種の社会身分を社会の主要な構成要素と見なし、それらが分担する機能を世界秩序のため肝要なものと考えるイデオロギーは、この主神格トリオの構成にもはっきりあらわれているのである。

2　日本の神界と印欧語族の古神界

主神格トリオ

これまで見てきたように、日本神話の中には⑴主権者＝祭司と、⑵戦士との二部分からなる支配層が、⑶食糧生産に従事する土着の庶民の上に君臨するのが社会のあるべき姿であると見なすイデオロギーが、明らかに表明されている。そしてこれら三種の社会身分が人間社会で果たす役割と対応する三種類の機能が、単に社会のみならず自然あるいは超自然界の正常な運行のためにも不可欠であると見る考え方が、三種の神器の構成や神界の構造、またそれを反映した主神格トリオの構成など、種々の形で表現されていると思われるのである。

ところで、社会がこのような三種類の身分に分属する人々によって構成されると考え、これら三種類の社会的機能が、宇宙の秩序にとっても肝心なものであると見る観念は、実はフランスの神話学者デュメジルの研究によって明らかにされているように、印欧語族の古い文化に固有のものだったのである。『リグ・ヴェダ』にもすでに表現が見られるヒンズー教の教理によれば、人間以下の取り扱いしか受けぬ賤民シュードラを除外したインド人社会は、本来、⑴祭司＝ブラーフマナと、⑵戦士＝クシャトリアと、⑶庶民＝ヴァイシャとの、三種の身分から成り立つべきものとされている。またこれと正確に一致した観念は、社会が、⑴祭司＝アーサウルヴァン、⑵戦士＝ラサエー・シュタル、⑶農民・牧畜者＝ヴァーストリョー・フシュヤントの三身分から成り立つとする、『アヴェスタ』に見られるゾロアスター教の教理にも見られる。

デュメジルは、このインドとイランに共通して見出される、人間社会の理想的構成に関する観念が、ケルトをはじめ、イタリック、ギリシア、ゲルマンなど、他の印欧語族のあいだにも古くは存在したことを明らかにした。そして印欧語族の神界も、古くはこの観念を反映して、三種の社会身分のそれぞれの任務に対応する機能を分担掌握する三種類の神々によって構成されると考えられていたことを、諸種の資料の分析によって明らかにして見せたのである。

このような印欧語族の古い神界の構造が、ユーラシアのステップ地帯のイラン系騎馬民族のあいだに、後代まで忠実に保存されていたことは、前述したオセットのナルト叙事詩に見られる英雄社会の構造からもたしかめられる。すなわちこの叙事詩の主人公のナルトたちは、前に述べたように、イラン系遊牧民に尊崇された神々が半神的英雄に変化したものと思われるが、彼らの社会は、叙事詩の叙述によれば、三つの大家族から成り立っている。そしてそのうちのアレガテ家は、ナルトたちのあいだで、もっぱら祭司的な役割を果たし、エクセルテッカテ家は勇猛な戦士の一族であり、ボラテ家は多くの家畜を持つ富裕な柔弱者たちの集団であったとされているのである。

また前述したスキュタイ王家に保有されていた聖宝が、祭具と武器と農具の三点であったということのうちにも、スキュタイ人が印欧共通文化から継承し保持していた、社会が祭司、戦士、食糧生産者の三身分によって構成されると見なす観念が、明瞭に反映している。

このように人間社会における、(1)祭司＝主権者、(2)戦士、(3)食糧生産者の三身分のそれぞれの働きに対応する、三種の機能を分掌する神々によって構成されると見なされていた、印欧語族の古い神界の構造は、神界を代表する主神格グループの構成にも

		主権・祭祀	戦　闘	生　産
人間社会	インド	ブラーフマナ	クシャトリア	ヴァイシャ
	イラン	アーサウルヴァン	ラサエー・シュタル	ヴァーストリョー・フシュヤント
叙事詩の英雄の社会	ナルト叙事詩	アレガテ	エクセルテッカテ	ボラテ
神界	ローマ	ユピテル	マルス	クイリヌス
	ゲルマン	オージン	トール	フレイル

印欧語族の社会と神界の構造に反映した三機能的体系

反映していた。

古代ローマにおいては、ユピテルとマルスとクイリヌスの三神が最有力神のトリオを形成すると考えられ、これらの三神だけが特に大フラメンと呼ばれる最高位の祭司たちによって祭祀されていた。これと対応する主神格のトリオは、ゲルマンの神界においては、異教時代のスウェーデンにおける中心的聖所であったウプサラの大神殿に合祀されていた、オージンとトールとフレイルの三神により形成されていた（上の表参照）。

このローマとゲルマンの主神格トリオは、いずれも神界の王として宇宙に君臨する主権者的至高神（ユピテル、オージン）と、武神（マルス、トール）と、農業に関係深い豊穣神的神格（クイリヌス、フレイル）とから成り立っており、前述した日本神話に見られるアマテラス、スサノオ、オオクニヌシの主神格トリオとよく似た構造を示すのである。

印欧語族の主権神グループ

印欧語族の重要な一派を構成したインド・イラン人（スキュタイ人もこの中に含まれる）のあいだでは、三種の機能の中の第一の主権者＝祭司的機能（以下「第一機能」と呼ぶ）は、古くはヴァルナ、ミトラ、アリヤマン、バガという、四柱の最高神によって共同して担当されると観念されていた。このうちのヴァルナは、四柱の至高神たちの中でも、もっとも超越的な神格で、下界より遠く隔絶した天空から、無量の魔術を行使しながら宇宙を統治するが、人間にはその意思を推測することもむずかしい、不気味な存在であると見られていた。これに対してミトラは、上天にありながらも、ヴァルナよりは人間にずっと近く親しみやすい神格であり、ヴァルナの統治方法が魔術師的であるのに対して、祭司的＝司法者的なしかたで世界を支配すると考えられた。ミトラは、とりわけ契約と誓約の信義の守護神であり、平和を愛好し、暴力と流血を何よりも嫌うとされていた。アリヤマンとバガはこのミトラを補佐しこれと連携しながら、ヴァルナおよびミトラと並ぶ王として天上から世界に君臨する。アリヤマンはその名の意味するとおり、征服と支配を使命とする高貴な民族集団として観念されていた、アーリヤ民族共同体の守護神である。この神は、祭司的主権神ミトラと

	神秘的魔術師	祭司的司法者	民族共同体の守護者	富の分配の管理者
インド・イラン	ヴァルナ	ミトラ	アリヤマン	バガ
ローマ	ユピテル	ディウス・フィディウス	ユウェンタス	テルミヌス
ゲルマン	オージン	テュール	バルドゥル	ヘズル

印欧神話における第一機能神グループの構成

密着しつつ、アーリヤ民族の宗教祭式を創始し、かつその正しい継続のために腐心する一方で、契約の守護神としてのミトラを補佐し、結婚の締結や、贈物の交換、主客関係の維持などをつかさどる。アリヤマンはまた、道路と交通の神として人々の自由な往来を保障することなどによって、アーリヤ民族共同体の団結の維持と強化のために働くと見なされていた。バガは、アリヤマンとともにミトラを補佐するが、ミトラとの結び付きはミトラに密着したアリヤマンと比べればかなりゆるやかであり、むしろ豊穣神的性格の神々と関係しながら、地上で行なわれる彼らの活動を天上から監督し、その活動によって生み出される富の、人々の間における公正な分配をつかさどると考えられた。

デュメジルは、このインド・イラン人の神界に古く存在した第一機能神のチームに対応するものが、上の表に示すような形で、ローマやゲルマンの神界にも存在したと指摘し、これら四柱の主権神グループの構造が、印欧語族の共通神界にさかのぼるものであることを明らかにしている。ところでこの印欧神界における主権神グループの構造は、日本神話に現われる至高神的性格のグループのそれと、つぎに述べるようにかなり正確に符合している。

日本の主神格トリオ

日本神話の中で、高天原より諸神に号令して世界を支配する主権神としての振舞いを物語られている神々は、明らかに、アマテラス、タカミムスビ、カミムスビの三柱であろう。このほか、神話の中に名をあげられているが、具体的活動を描写されることのない、謎めいた至高神としてアメノミナカヌシがある。この神は『古事記』と『日本書紀』の一つの箇所（「神代第一段」一書の第四の又曰《いわく》）において、天地初発のとき、タカミムスビとカミムスビに先立ち、最初に高天原に出現したといわれており、その名前から判断しても、高天原の中央にいて世界万物に君臨する絶対的最高神格であることが明らかかと思われるのである。

このようにアメノミナカヌシは、天の中央に超絶的至高神として存在するという事実以外には、神話の中でもその実体が説明されぬ、すぐれて神秘的な存在である。至いる関係は、右に述べたヴァルナのミトラ、アリヤマン、バガに対する関係とよく似ている、アマテラス、タカミムスビ、カミムスビに対してこのアメノミナカヌシが持って高神でありながら人間により近く、神話の中で性情や行動などが具体的に示されていていると言えよう。

しかもアマテラスは、単に人間に近い至高神であるということによってだけではなく、その他の多くの点でも、ミトラとよく似た神格である。まずアマテラスは、自然神としては太陽の女神だが、ミトラも古くから昼の空や陽光などと同一視されており、後には完全に太陽と同じとみなされるようになる。またアマテラスがスサノオのたびかさなる乱暴に対して、最初はどのようなひどい行為も許そうとする態度を示すが、最後に生皮を剝がれた馬が機屋《はたや》に投げ込まれ、織女が傷を負う（または落命する）という、流血を伴う残虐な犯罪が犯されるのを見て、ついに耐えきれずに岩屋の内に隠れたとされているのも、慈悲深く寛大で、流血を何よりも嫌うミトラの性格を髣髴《ほうふつ》させる。さらにアマテラスが、天上で祭司として祭りの執行に従事しているのは、祭司神としての一面を持つミトラの神格とよく合致し、またスサノオと誓約によって子を生み合う場面におけるこの女神の振舞いは、誓約の信義の守護神としてのミトラを思わせる。

タカミムスビは、アマテラスと緊密に提携して現われる存在であり、しかもこの神がアマテラスとともに天神たちの指揮を取り、宇宙の支配者として振舞うのが見られるのは、国譲り、天孫降臨、神武東征などの物語においてであるが、これらはいずれも、瑞穂《みずほ》の国の支配者として派遣される、天神集団およびその子孫たちによる、この国土の征服と統治に関係する事件である。したがって、タカミムスビの神話に見られる働きは、ミトラと密着しながら、征服＝支配者集団であるアーリヤ民族共同体の守護に当たる、前述したアリヤマンの機能とよく合致すると言えよう。

タカミムスビはさらに、『日本書紀』のある箇所（「神代第九段」、一書の二）においては、「吾は天津《あまつ》神籬《ひもろぎ》と天津《あまつ》磐境《いはさか》とを起し樹《た》てて、吾孫《すめみま》の為に斎《いは》ひ奉らむ。汝《いまし》、天の児屋命《こやね》、太玉命《ふとだま》、宜《よろしく》天津神籬を持ちて、葦原の中つ国に降りて、また吾孫の為に斎ひ奉れ」と詔勅《しょうちょく》したうえで、朝廷の祭祀をつかさどった中臣《なかとみ》と忌部《いんべ》両氏族の遠祖に当たる二神格を、天孫ニニギにそえて降臨させたと物語られている。このようにタカミムスビが、朝廷の祭式を天上で創始し、かつ祭司たちに地上におけるその継続を命じたとされているのは、前述したアリヤマンとアーリヤ民族祭儀の関係を思わせる。また『古事記』によれば、タカミムスビが神武東征の途次において、八咫烏《やたがらす》を派遣して一行の道案内をさせたといわれているのも、アリヤマンの道路と交通の神とし

	1	2	3	4
インド・イラン	ヴァルナ	ミトラ	アリヤマン	バガ
日　本	アメノミナカヌシ	アマテラス	タカミムスビ	カミムスビ

日本とインド・イランの神界における主権神グループの対応

ての一面を髣髴させる振舞いであると言えよう。

カミムスビは、明らかにタカミムスビと対《つい》を成す存在であり、アマテラス、タカミムスビとともに、高天原から世界を統治する神格だが、神話に見られるアマテラスとの連携の密接さは、タカミムスビの場合より、はるかにゆるやかである。そして神話に物語られているこの神の行為は、

(1)スサノオに殺されたオオゲツヒメの屍体に生じた五穀（と蚕）を取らせて種とし、

(2)キサガイ（赤貝）とウムガイ（蛤《はまぐり》）の二柱の貝の女神を派遣して、八十神《やそがみ》に火傷を負わされて殺されたオオクニヌシを、治癒させて復活させ、

(3)手の指の間からこぼれて下界に落ちた自分の子のスクナヒコナにオオクニヌシと兄弟になり、協力して国を作り固めることを命ずる。

など、いずれも食糧と富の生産およびこれを主管するオオクニヌシの活動と関係している。日本神話に見られるこのようなカミムスビの主権神としてのあり方は、ミトラ、アリヤマンと提携し上天から世界を統治する神格でありながら、アリヤマンほどはミトラと密着せず、むしろ地上の豊穣神的神々と関係しながら、彼らの働きに主権神としての立場から介入する、前述のバガの機能とよく似ている(前ページの表参照)。

戦士的機能

インド・イラン人の神界で、三種の機能の二番目の戦士的機能（以下「第二機能」と呼ぶ）は、古くはインドラとヴァーユの二神によって代表されていた。そして雷神のインドラが、戦車に乗って種々の武器を駆使して戦う、より「文明的」な戦士類型を表わす武神的神格と見なされたのに対し、他方の風神のヴァーユは、これよりはずっと「野性的」な暴力神的存在で、時に悪魔と見まがうほどの兇暴性を発揮し、主権者の安全や世界秩序を危険な状態におとしいれることもあると考えられていたのである。このヴァーユの第二機能神としてのあり方は、日本神話に見られる兇暴な暴力神スサノオの姿と、きわめてよく似ている。

ところで日本神話には、このスサノオとは対蹠《たいしょ》的に、つねに主権神の命令を守りながら強力な武力を発揮して、天皇家によるこの国土の支配体制の確立のために重要な貢献をしている、典型的武神のタケミカズチの活躍が見られる。このタケミカズチが、国譲りや神武東征の場面で果たしている働きは、その神話的戦闘が、しばしば、先住民に対するアーリヤ人の征服の戦いと同一視されたインドラの、征戦の守護神としての役割と酷似している。

タケミカズチはまた、その名から判断すれば明らかに雷神であるという点でも、インドラに類似している。これに対してスサノオは、天父神イザナギの鼻から誕生したとされていることからみて、暴風神としての一面をもっていたと思われ、この点でもインド・イランの暴力的第二機能神のヴァーユが、風神であるのと符合するのである。

第三機能神

最後に三番目の食糧生産の機能（以下「第三機能」と呼ぶ）は、インド・イラン人の古神界においては、ナーサティヤまたはアシュヴィンという共通の名で呼ばれた双児の兄弟の神によって代表されると見なされていた。このアシュヴィンたちは、富と豊穣をもたらす者であると同時に、医療の神でもあり、またすこぶる美男で愛欲的で

	インド・イラン	日　本
第一機能	(1)ヴァルナ (2)ミトラ (3)アリヤマン (4)バガ	(1)アメノミナカヌシ (2)アマテラス (3)タカミムスビ (4)カミムスビ
第二機能	(5)ヴァーユ (6)インドラ	(5)スサノオ (6)タケミカズチ
第三機能	(7)アシュヴィン(スマカの子) (8)アシュヴィン(天の子)	(7)オオクニヌシ (8)スクナヒコナ

主神格グループの構成

あると考えられていた。彼らは奇妙なことに、双児でありながらそれぞれが父親と生まれた場所とを異にし、一方は天の幸運な息子として天上で生まれたのに対し、他方はスマカ（この正体は不明）の子として地上で出生したとされていた。そしてスマカの息子の方がよりいっそう美男子で、第三機能の主神格でありながら、戦神的資質を示すこともあるのに対して、他方の天の息子のアシュヴィンは、徹底して平和的な性格の持主で、知恵者であり、第一機能と親密な結びつきを持つと見なされていたのである。

日本神話における第三機能の主神格は、前述したように、オオクニヌシであると考えられるが、この神は農業と豊穣の神であると同時に医療の神でもあり、またすこぶる美男で艶福家であったとされていたなどの諸点において、アシュヴィンとじつによく似ている。しかも、アシュヴィンが二柱の兄弟神であるように、オオクニヌシも彼とは親も生まれた場所も異にする、スクナヒコナと兄弟の関係を結んでいる。そしてこの日本の兄弟二柱の第三機能神たちのあいだにも、その性格と機能に関して、二柱のアシュヴィンのあいだの差違と明らかによく合致するような相違が認められる。すなわち、一方のスサノオの子孫の地上で生まれたオオクニヌシは、スマカの息子のアシュヴィンと同じく、絶世の美男子であるうえに、根の国のスサノオのもとで厳しい試練を課せられた末に、生大刀《いくたち》・生弓矢《いくゆみや》を獲得して地上に帰り、この武器の威力によって彼を迫害した八十神をいっきに征服したという神話に見られるように、戦士的機能との係わり合いを持つ。これに対してカミムスビの子として天で生まれたスクナヒコナの方は、戦闘とまったく無関係な、徹底して平和的な神格で、また知恵者でもあり、これらの点で、明らかに、天の息子のアシュヴィンを思わせるのである。

これまで述べてきたことを、表によって示せば、前ページの表のようになる。

3　三機能体系と朝鮮

朝鮮に三機能体系はあるか

本章においてわれわれはこれまで、人間社会で、祭司＝主権者と、戦士と、生産者とがそれぞれ分担する役割と対応する三種類の機能ないしは原理を、宇宙秩序の維持にとっても肝要なものと認め、神界もこれらの三種の機能を分掌する神々によって構成されると見なすイデオロギー（デュメジルはこれを「印欧的三機能体系」と呼ぶことを提唱している）が、日本神話の中に、驚くほどよく似た形をとって表現されていることを述べてきた。デュメジルによって印欧語族に固有なものであったことが明らかにされている、この「三機能体系」の影響が、ユーラシアの東端に位置する日本の神話に、このように明瞭な形で見出されるのは、われわれの考えでは、これまでたびたび述べてきたように、ステップ地帯のイラン系遊牧民の神話が、アルタイ系民族によって受けいれられ、朝鮮半島を経由してわが国に持ち込まれた結果であろうと考えられる。この伝播経路の、いわば出発点にあたるイラン系遊牧民が、古く「三機能体系」にのっとって組織された神話を所有していたということは、前述したように、古代スキュタイ王家の聖宝の構成や、オセットのナルト叙事詩にみられる、半神的英雄たちの社会の構造をとおして、確かめられると思われるのである。

それではこの伝播経路において、日本にもっとも近い所に位置したと考えられる朝鮮についてはどうであろうか。最後にわれわれは、印欧的三機能体系の痕跡が朝鮮の神話の中にどのような形で見られるかという問題を検討して、本書の締めくくりとしたい。

この問題を考えるにあたって、はじめにことわっておかねばならないことがある。朝鮮の古い伝承について、われわれは、日本のイザナギ・イザナミ神話や高天原神話、出雲神話などにあたるような性質の話、つまり世界のはじめに神々を主人公として生起した事件を物語った狭義の神話にあたる話を、ぜんぜん知らされていない。われわれが知っているのはただ、古代朝鮮の諸王国の起源を物語った、建国神話的な伝説である。したがってわれわれには、朝鮮に存在したパンテオンに関して、それが三機能体系に基づいて組織されていたかどうか検討するための材料は、ほとんど与えられていないのである。

しかしながら、このような研究上の大きな制約にもかかわらず、大林太良氏によって、古代朝鮮諸国の建国伝説の中から、三機能体系の影響が古く朝鮮の神話に強く及んでいたことを示すと思われるいくつかの重要な事実が提示されている。

檀君神話

三機能体系の影響はまず、天より降臨し古朝鮮初代の王檀君《だんくん》の父となったとされる、天帝の庶子桓雄《かんゆう》を主人公とする伝説の中に明瞭に看取される。

桓雄は父の天帝桓因《かんいん》より天符印《てんぷいん》三個を授けられ、三千の家来を引き連れて、太伯山頂の神《しん》檀《だん》樹の下に降り、桓雄天王と呼ばれて、人間たちを支配した。当時桓雄が降臨した場所の近くに洞窟があり、その中に一匹の熊と一匹の虎が住んでいたが、彼らは人間になりたいという願望を抱き、桓雄に熱心に嘆願しつづけた。そこで桓雄は彼らに、一束《ひとたば》のもぐさとにんにく二十を与え、これらを食べ、百日間日光を見ずにいれば、人間の姿になれるであろうと教えてやった。熊と虎は教えられたとおり、もぐさとにんにくを食べた。そして熊はそれから二十一日後に、人間の女になれたが、虎は暗闇の中に蟄居《ちつきょ》していることができなかったために、人の姿になれなかった。人間の女となった熊は、結婚の相手が得られなかったので、日ごと神壇樹の下に来て、子種を授けられるようにと祈願をくり返した。この祈りに心を動かされた桓雄は、自身彼女と結婚してやり、その結果熊女はやがて妊娠して男の子を生んだ。これが檀君王倹《おうけん》である。

この日本の天孫降臨神話と類似点を多く含む檀君神話の中で、一種のトリオを形成しながら重要な役割を演じていると認められる桓雄と虎と熊の三者について、大林氏はつぎのように三機能体系との関係を指摘されている。

この神話を考えてみると、桓雄の場合は天から降りてきて支配者になるのですから、主権の機能です。虎の場合は軍事的機能だと思うのです。というのは、朝鮮では高麗朝の時代などでも官吏を文班、武班に分けていましたが、その場合、文班は竜班であって、武班は虎班であるわけです。それからまた虎の年の虎の月の虎の日に作った剣は特別いい剣であるとか、虎と軍事的機能との結びつきが、朝鮮では非常に顕著です。近年でも虎を夢見て妊娠すると生まれた子は武官となって出世するとかいう信仰があったといいます。ですから虎というのは軍事的機能です。

熊のほうはまさに桓雄と結婚して子どもを生むということが最大の機能なわけで、これは豊穣の機能である。ですから檀君神話の場合にはいちおう三機能で解釈できるのではないか（『シンポジウム　日本の神話5・日本神話の原形』学生社、一九七五、一一二ページ）。

高句麗の三王

大林氏はまた、前述した東明王・朱蒙にはじまる、高句麗王朝の最初の三人の王たちに関係する伝承の中にも、つぎのような形で、三機能体系の反映が認められると指摘している。

すなわち高句麗の始祖朱蒙に関しては、彼が、自分の建国した国にまだ鼓角《こかく》（太鼓と角笛）の威儀が欠けているために、隣国沸流《ふつりゅう》の使者の往来を王礼をもって送迎することができず、そのために軽んぜられると言って嘆いたところが、彼の従臣がこれを聞き、沸流王松譲《しょうじょう》が大切にしていた聖宝の鼓角を取って来て王に献上したということが伝えられている。

第二代の瑠璃明王類利《るりめいおうるいり》は、朱蒙がまだ扶余《ふよ》にいたあいだに妻に娶《めと》った礼氏の娘から、父親の亡命後に誕生した。朱蒙は別離にあたって類利の母に、男の子が生まれたら、自分が七角の石の上の松の下に隠した品を探させるようにと言い残して出発したが、後に母親からこのことを聞かされた類利は、家の柱と七角の礎石のあいだから、首尾よく父の形見の折れた剣の半分を見つけ出し、これをたずさえて父のところに赴いた。朱蒙が彼のもってきた剣の半分を、自分のもっていた残りの半分と合わせてみたところ、ひとふりの剣となったので、類利は父から太子として認定されたという。

第三代の大武神王無恤《ぶじゅつ》は、軍勢を率いて扶余を討ちに行ったおりに、沸流水の水ぎわで一人の女が鼎《かなえ》を担いで遊びたわむれているのが見えたので、その場に行ってみると、ただ鼎だけがあった。これを使うと、不思議にも火にかけなくても自然に熱くなって、食物が得られ、軍勢のすべてが飽食した。また利勿林《りこつりん》という所に到着して泊ま

	第一機能	第二機能	第三機能
スキュタイ王家の黄金器	盃	戦　斧	耕　具
日本の三種の神器	鏡	剣	玉
高句麗の三王が獲得した宝	東明王の鼓角	瑠璃明王の剣	大武神王の鼎
大武神王が獲得した宝	金　璽	兵　物	鼎

高句麗の伝説に現われる宝器と三機能体系

ったところ、夜になって金属のふれあう音が聞こえたので、明るくなってから人をやって探させてみると、金璽《きんじ》と兵物が得られた。王はこれは天が自分に賜ったものであると言って、拝受したと伝えられている。

高句麗の最初の三王は、このように、いずれも神聖な由来のある宝器を獲得したといわれている。ところでこれらの宝器を機能的に分類してみると、まず最初に東明王の獲得した鼓角は、王礼をもって隣国の使者を送迎する場合に、王の権威を示すために用いられる楽器であるので、明らかに主権すなわち第一機能と関係する宝物である。二番目の瑠璃明王が得たという剣は、武器であり第二機能を表わす。三番目の大武神王が入手した鼎は、不思議なしかたで食物を無尽蔵に生産する品であるから、食糧生産すなわち第三機能に属する。このように三代の王たちはそれぞれ、第一機能と第二機能と第三機能を代表する宝器を獲得しているのであり、この高句麗伝説に現われる三点の宝物は、大林太良氏が指摘されたとおり、前章でわれわれが検討したスキュタイ王の聖宝や日本の三種の神器と対応する、三機能を表わす聖宝のセットを構成していると認められるのである（前ページの表参照）。

しかもこの中の大武神王が水辺で得たという鼎は、右に述べたように東明王および瑠璃明王が入手した宝器とともに、三代の最初の王たちによって獲得された三点の聖宝のセットを構成すると同時に、また大武神王がこの鼎についで得たとされている、金璽および兵物とも、三種の宝器のセットを成していると認められる。これらの、大武神王が鼎に続いて入手し、天よりの賜り物として拝受したといわれる二種の宝のうち、金璽は明らかに王権すなわち第一機能を、兵物は戦闘すなわち第二機能を代表する品である。したがってこの大武神王が相ついで獲得したといわれている三種の神宝はそれ自体もまた、三種の機能に分属する聖宝のセットを構成していると言えるのである。

三機能体系の裏付け

なお大林太良氏は、このほか、皇竜寺にあった丈六《じょうろく》尊像と、同寺の九層塔と、真平王が即位式のとき天から賜ったという玉帯を「三宝」とする新羅《しらぎ》の伝承にも、三機能体系の反映が明瞭に認められることを明らかにされている。これらの大林氏の指摘によって、古代朝鮮が印欧的三機能体系を受容しそれを日本に伝えたという、われわれが近年とってきた見解は、強い裏付けを与えられたといってよかろう。

ところで、印欧神話の影響がユーラシアの極東部にまで伝播した経路にあたると想定される地域のうちで、現在もなおこの観点からの研究がほとんど着手されていない領域は、朝鮮以外のアルタイ系諸族である。これらの諸民族が古代に持っていた神話の内容を知ることには、資料的に大きな困難がある。

しかしながらこの点に関しても大林太良氏によって、古代匈奴《きょうど》の祭祀や、モンゴルのパンテオンの構造などの中に、三機能体系の痕跡が見出されるという重要な指摘がなされている。この方面の研究にも、近い将来、新しい進展がもたらされると期待できそうである。

本書をとおしてわれわれは、学界で得られている最新の研究成果を参考にしながら日本神話を世界の他の地域の神話伝説と、比較する試みを行なってきた。そしてその結果われわれは、日本神話が従来から言われてきたとおり、「南方系」と「北方系」に二大別できるが、さまざまな起源を持つ諸種の要素を含むことを確認した。「南方系」の要素としては、特に稲作とともに中国の江南地方から流入した話素が、かなり大幅に取り入れられていると認められる。しかしながら、『古事記』『日本書紀』に見られる神話体系の成立にあたって、決定的な役割を演じたのは、朝鮮半島を経由し支配者文化の一環として入りこんできたと思われる、印欧系文化に源流を発する神話の影響であった。われわれの所有する天皇家の神話は、この系統からの影響に、多くの個別的要素はもちろん、その中心をなす構造とイデオロギーを負っていると考えられるのである。

参考文献

日本神話全般に関するもの

大林太良『日本神話の起源』角川書店、一九七三年（初版は一九六一年）
大林太良編『日本神話の比較研究』法政大学出版局、一九七四年
大林太良・伊藤清司編『シンポジウム　日本の神話』全五巻、学生社、一九七二～七五年
松本信広『日本神話の研究』平凡社、一九七一年（初版は一九三一年）
三品彰英『三品彰英論文集』全六巻、平凡社、一九七〇～七四年
大林太良『稲作の神話』弘文堂、一九七三年
大林太良『日本神話の構造』弘文堂、一九七五年

第一章

石田英一郎・江上波夫・岡正雄・八幡一郎『日本民族の起源』平凡社、一九五八年
岡正雄「日本民族文化の形成」（『図説日本文化史大系1　縄文・弥生・古墳時代』小学館、一九五六年、一〇六～一一六ページ）
岡正雄「日本文化の基礎構造」（『日本民俗学大系2　日本民俗学の歴史と課題』平凡社、一九五八年、五～二一ページ）

第三章

坪井清足「縄文文化論」（『岩波講座日本歴史1　原始および古代1』岩波書店、一九六二年、一〇九～一三八ページ）

藤森栄一「縄文からの民話」(『伝統と現代』一号、一九七〇年、一五六〜一六一ページ)
藤森栄一『縄文農耕』学生社、一九七〇年

第四章

大林太良「比較神話学から見た日本神話——海幸山幸を中心にして」(『講座日本文学1　上代編1』三省堂、一九六八年、一四九〜一六九ページ)
大林太良「海と山・男と女」(『ぱれるが』二三四号、一九七一年、二〜五ページ)
伊藤清司「日本神話と中国」(『日本神話の可能性』伝統と現代社、一九七三年、一七八〜一九七ページ)
佐々木高明『稲作以前』日本放送出版協会、一九七一年
石田英一郎「隠された太陽——太平洋をめぐる天岩戸神話」(『石田英一郎全集6　桃太郎の母』筑摩書房、一九七一年、三九〜五八ページ)

第五章

吉田敦彦『ギリシア神話と日本神話』みすず書房、一九七四年
吉田敦彦「女性器露出の神話について」(『エピステーメー』創刊号、一九七五年、二六八〜二八四ページ)

第六章

吉田敦彦『日本神話と印欧神話』弘文堂、一九七四年
吉田敦彦編『比較神話学の現在』朝日出版社、一九七五年

依田千百子「日本神話と朝鮮神話」（『国文学解釈と鑑賞』四六〇号、一九七二年、一二二〜一二九ページ）

●本書に述べた卑見を、その後に展開させた著作の中では、とくに次の拙著書などを参考にして頂きたい。

『アマテラスの原像』青土社、一九八七年
『日本神話の特色』青土社、一九八九年
『豊穣と不死の神話』青土社、一九九〇年
『日本の神話』青土社、一九九〇年
『昔話の考古学』中公新書、一九九二年
『縄文宗教の謎』大和書房、一九九三年
『日本人の女神信仰』青土社、一九九五年
『日本神話のなりたち』青土社、一九九八年
『日本神話』ＰＨＰ研究所、二〇〇六年

KODANSHA

本書は、一九七五年、講談社より刊行された『日本神話の源流』を底本としました。

吉田敦彦（よしだ　あつひこ）

1934年生まれ。東京大学大学院西洋古典学専攻修士課程修了。フランス国立科学研究所研究員，成蹊大学・学習院大学教授などを歴任し，現在学習院大学名誉教授。専門は，比較神話学，西洋古典学。

著書に，『ギリシア神話入門』『鬼と悪魔の神話学』『ギリシア文化の深層』（サントリー学芸賞）『オイディプスの謎』『日本の神話』など多数ある。

講談社学術文庫

定価はカバーに表示してあります。

日本《にほん》神話《しんわ》の源流《げんりゅう》

吉田《よしだ》敦彦《あつひこ》

2007年5月10日　第1刷発行
2023年6月27日　第11刷発行

発行者　鈴木章一
発行所　株式会社講談社
東京都文京区音羽 2-12-21 〒112-8001
電話　編集（03）5395-3512
販売（03）5395-4415
業務（03）5395-3615

装　幀　蟹江征治
印　刷　株式会社ＫＰＳプロダクツ
製　本　株式会社国宝社
本文データ制作　講談社デジタル製作

ISBN978-4-06-159820-1

「講談社学術文庫」の刊行に当たって

これは、学術をポケットに入れることをモットーとして生まれた文庫である。学術は少年の心を養い、成年の心を満たす。その学術がポケットにはいる形で、万人のものになることは、生涯教育をうたう現代の理想である。

こうした考え方は、学術を巨大な城のように見る世間の常識に反するかもしれない。また、一部の人たちからは、学術の権威をおとすものと非難されるかもしれない。しかし、それはいずれも学術の新しい在り方を解しないものといわざるをえない。

学術は、まず魔術への挑戦から始まった。やがて、いわゆる常識をつぎつぎに改めていった。学術の権威は、幾百年、幾千年にわたる、苦しい戦いの成果である。こうしてきずきあげられた城が、一見して近づきがたいものにうつるのは、そのためである。しかし、学術の権威を、その形の上だけで判断してはならない。その生成のあとをかえりみれば、その根は常に人々の生活の中にあった。学術が大きな力たりうるのはそのためであって、生活をはなれた学術は、どこにもない。

開かれた社会といわれる現代にとって、これはまったく自明である。生活と学術との間に、もし距離があるとすれば、何をおいてもこれを埋めねばならない。もしこの距離が形の上の迷信からきているとすれば、その迷信をうち破らねばならぬ。

学術文庫は、内外の迷信を打破し、学術のために新しい天地をひらく意図をもって生まれた。文庫という小さい形と、学術という壮大な城とが、完全に両立するためには、なおいくらかの時を必要とするであろう。しかし、学術をポケットにした社会が、人間の生活にとってより豊かな社会であることは、たしかである。そうした社会の実現のために、文庫の世界に新しいジャンルを加えることができれば幸いである。

一九七六年六月

野間省一

文化人類学・民俗学

悲しき南回帰線（上）（下）
C・レヴィ＝ストロース著／室　淳介訳
「親族の基本構造」によって世界の思想界に波紋を投じた著者が、アマゾン流域のカドゥヴェオ族、ボロロ族など四つの部族調査と、自らの半生を紀行文の形式でみごとに融合させた「構造人類学」の先駆の書。
711・712

民間暦
宮本常一著（解説・田村善次郎）
民間に古くから伝わる行事の底には各地共通の原則が見られる。それらを体系化して日本人のものの考え方、労働の仕方を探り、常民の暮らしの折り目をなす暦の意義を詳述した宮本民俗学の代表作の一つ。
715

ふるさとの生活
宮本常一著（解説・山崎禅雄）
日本の村人の生き方に焦点をあてた民俗探訪。祖先の生活の正しい歴史を知るため、戦中戦後の約十年間にわたり、日本各地を歩きながら村の成立ちや暮らしの仕方、古い習俗等を丹念に掘りおこした貴重な記録。
761

庶民の発見
宮本常一著（解説・田村善次郎）
戦前、人々は貧しさを克服するため、あらゆる工夫を試みた。生活の中で若者をどう教育し若者はそれをどう受け継いできたか。日本の農山漁村を生きぬいた庶民の内側からの目覚めを克明に記録した庶民の生活史。
810

日本藝能史六講
折口信夫著（解説・岡野弘彦）
まつりと神、酒宴とまれびとなど独特の鍵語を駆使して藝能の発生を解明。さらに田楽・猿楽から座敷踊りまで日本の歌謡と舞踊の歩みを通観。藝能の始まりと展開を平易に説いた折口民俗学入門に好適の名講義。
994

新装版**明治大正史　世相篇**
柳田國男著（解説・桜田勝徳）
柳田民俗学の出発点をなす代表作のひとつ。明治・大正の六十年間に発行されたあらゆる新聞を渉猟して得た資料を基に、近代日本人のくらし方、生き方を民俗学的方法によってみごとに描き出した刮目の世相史。
1082

文化人類学・民俗学

池田弥三郎著
性の民俗誌
民俗学的な見地からたどり返す、日本人の性。一夜妻、一時女郎、女のよばい等、全国には特色ある性風俗が伝わってきた。これらを軸とし、民謡や古今の文献に拠りつつ、日本人の性への意識と習俗の伝統を探る。

1611

宮本常一著（解説・網野善彦）
日本文化の形成
民俗学の巨人が遺した日本文化の源流探究。生涯の実地調査で民俗学に巨大な足跡を残した筆者が、日本文化の源流を探査した遺稿。畑作の起源、海洋民と床住居など、東アジア全体を視野に雄大な構想を掲げる。

1717

野本寛一著（解説・赤坂憲雄）
神と自然の景観論　信仰環境を読む
日本人が神聖感を抱き、神を見出す場所とは？　人々を畏怖させる火山・地震・洪水・暴風、聖性を感じさせる岬・洞窟・淵・滝・湾口島・沖ノ島・磐座などの自然地形。全国各地の聖地の条件と民俗を探る。

1769

石毛直道著
麵の文化史
麵とは何か。その起源は？　伝播の仕方や製造法・調理法は？　厖大な文献を渉猟し、「鉄の胃袋」をもって精力的に繰り広げたアジアにおける広範な実地踏査の成果をもとに綴る、世界初の文化麵類学入門。

1774

西田正規著
人類史のなかの定住革命
「不快なものには近寄らない、危険であれば逃げてゆく」という基本戦略を捨て、定住化・社会化へと方向転換した人類。そのプロセスはどうだったのか。遊動生活から定住への道筋に関し、通説を覆す画期的論考。

1808

五来《ごらい》　重《しげる》著（解説・上別府　茂）
石の宗教
日本人は石に霊魂の存在を認め、独特の石造宗教文化を育んだ。積石、列石、石仏などは、先祖たちの等身大の信心の遺産である。これらの謎を解き、記録に残らない庶民の宗教感情と信仰の歴史を明らかにする。

1809

文化人類学・民俗学

イザベラ・バードの旅　『日本奥地紀行』を読む

宮本常一著（解説・赤坂憲雄）

明治初期、「旅に生きた英国婦人」が書き留めた日本人の暮らしぶりを読み解いた、著者晩年の名講義録。なにげない記述から当時の民衆社会の世相を鮮やかに描き出す、宮本民俗学のエッセンスが凝縮。

2226

日本探検

梅棹忠夫著（解説・原　武史）

知の巨人は、それまでの探検で培った巨視的手法で己れの生まれた「日本」を対象化し、分析する。「文明の生態史観序説」と『知的生産の技術』の間に書かれ、梅棹学の転換点となった「幻の主著」がついに文庫化！

2254

地名の研究

柳田國男著（解説・中沢新一）

諸外国とくらべて地名が膨大な国、日本。有名な「大きな地名」よりも、小字などの「小さな地名」に着目した柳田の真意とは。利用地名、占有地名、分割地名それぞれの特徴とは。地名学の源流となった名著。

2283

妖怪学新考　妖怪からみる日本人の心

小松和彦著（解説・高田　衛）

山に、辻に、空き地に、ビルの隙間や、あなたの「うしろ」にも——人あるところ、妖怪あり。人びとの不安や恐れが生み出す「妖怪」を通して日本人の精神構造と、その向こう側にある「闇」の領域を問いなおす。

2307

カレーライスと日本人

森枝卓士著

インド生まれのカレーが、いまや日本の食卓の王座についているのはなぜか？　カレー粉のルーツをイギリスに探り、明治以来の洋食史を渉猟し、「カレーとは何か」を丹念に探った名著。著者による補筆を収録。

2314

四國偏禮《しこくへんろ》道指南《みちしるべ》　全訳注

眞念／稲田道彦訳注

貞享四年（一六八七）刊の最古のお遍路ガイドが現代によみがえる！　旅の準備、道順、宿、見所……。江戸期の大ロングセラーは情報満載。さらに現代語訳と詳細地図を付して時を超える巡礼へと、いざ旅立とう。

2316

日本人論・日本文化論

日本文化論
梅原　猛著

〈力〉を原理とする西欧文明のゆきづまりに代わる新しい原理はなにか？〈慈悲〉と〈和〉の仏教精神こそが未来の世界文明を創造していく原理となるとして、仏教の見なおしの要を説く独創的な文化論。

22

比較文化論の試み
山本七平著

日本文化の再生はどうすれば可能か。それには自己の文化を相対化して再把握するしかないとする著者が、さまざまな具体例を通して、日本人のものの見方と伝統の特性を解明したユニークな比較文化論。

48

日本人とは何か
加藤周一著

現代日本の代表的知性が、一九六〇年前後に執筆した日本人論八篇を収録。伝統と近代化・天皇制・知識人を論じて、日本人とは何かを問い、精神的開国の要を説いて将来の行くべき方向を示唆する必読の書。

51

日本文化史研究（上）（下）
内藤湖南《こなん》著（解説・桑原武夫）

日本文化は、中国文化圏の中にあって、中国文化の強い影響を受けながらも、日本独自の文化を形成してきた。著者はそれを深い学識と日中の歴史事実とを通して解明した。卓見あふれる日本文化論の名著。

76・77

日本人の人生観
山本七平著

日本人は依然として、画一化された生涯をめざす傾向からぬけ出せないでいる。本書は、我々を無意識の内に拘束している日本人の伝統的な人生観を再把握し、新しい生き方への出発点を教示した注目の書。

278

葉隠《はがくれ》　武士と「奉公」
小池喜明著

泰平の世における武士の存在を問い直した書。「葉隠」は武士の心得について、元佐賀鍋島藩士山本常朝の語りをまとめたもの。儒教思想を否定し、武士の奉公は主君への忠誠と献身の態度で尽くすことと主張した。

1386